陽明心學
三部曲
(一)求學之卷

張榮緹 著

「心學」是由南宋大儒陸九淵、明朝大儒王陽明所發展出來的「陸王心學」的簡稱；而「陽明心學」則專指王陽明的心學。「心學」作為儒學中——宋明理學的一門學派，最早可推溯自孟子，而北宋程顥開其端，南宋陸九淵則大啟其門徑，而與朱熹的程朱理學分庭抗禮。至明朝由王陽明總其大成，並首度提出「心學」二字，至此心學開始有了清晰而獨立的學術脈絡。

「陸王心學」與「程朱理學」雖同被歸為宋明理學之下，但多有分歧。陸王心學往往被認為是儒家中的「格心派」，而程朱理學則為「格物派」。

但是，心學並不是玄學，只用來討論一些有與無、生與死、動與靜等玄之又玄的問題。

相反地，「心學」是一門實用哲學，它以「格物、致知、誠意、正心」為修養方法，並以「修身、齊家、治國、平天下」為終極目標。

正如尼采認為，哲學的核心任務是教我們：「如何成為我們自己」。

心學的核心任務是教我們：「如何找回自己的心」。這也就是孟子說的：求其放心；陸九淵說的：發明本心；王陽明說的：致良知。

那為什麼「找回自己的心」這麼重要呢？

「日本經營之聖」稻盛和夫認為：人生‧工作的成果＝思維模式X熱誠X能力。這個公式中最重要的元素是「思維模式」。因為「思維模式」會帶動你的熱誠，而全身心投入的熱誠又會提升你的能力，形成一個正向的循環。而這個「思維模式」就是你的心。

　　人生不如意十之八九。面對困境時，依照自己的「心」來做抉擇，最後累積出來的結果，就是自己的一生。所以，只要我們能「找回自己的心」，那麼無論面對任何困難，都能採取最適當的行動，人生就會出現美好的結果。

　　而當你「找回自己的心」時，你的人生才真正開始。

名人評陽明心學

五百年來，儒家的源頭活水就在王陽明。21世紀將是王陽明的世紀。——美國哈佛大學教授杜維明

獨陽明之學，簡徑捷易，高明往往喜之。——嚴復

王學絕非獨善其身之學。而救時良藥，未有切於是者。
——梁啟超

王陽明矯正舊風氣，開出新風氣，功不在禹下。——曾國藩

陽明先生，其事功，其志業，卓然一代偉人，斷非尋常儒者所能幾及。——左宗棠

自孔孟以來，未有若此深切著明者也。——黃宗羲

日本維新，亦由王學為其先導。——章太炎

修心煉膽，全從陽明學而來。——「日本維新三傑」西鄉隆盛

王陽明年表

1472年出生于浙江省余姚縣龍泉山上之瑞雲樓。
1488年17歲，與諸氏完婚於江西南昌。

1489年18歲，偕夫人回余姚，識婁諒，信「聖人必可學而致之」。

1492年21歲，舉浙江鄉試。格竹子。

1497年26歲，苦學諸家兵法，想借雄成聖。

1499年28歲，舉進士出身，二甲第七，觀政工部。

1506年35歲，上封事，下詔獄，謫貴州龍場驛驛丞。

1508年37歲，至龍場，大悟「格物致知」之旨。

1509年38歲，在貴陽，受聘主講文明書院，始揭「知行合一」之旨。

1513年42歲，教人靜坐入道。

1514年43歲，在南京教人存天理去人欲。

1516年45歲，在南京，九月，兵部尚書王瓊特薦，升都察院僉都禦使，巡撫南贛、汀、漳等處。平定為禍數十年的南贛匪患。

1518年47歲，刻古本《大學》、《朱子晚年定論》。門人薛侃刻《傳習錄》。

1519年48歲，六月，奉命勘處福建叛軍，至豐城，聞宸濠反，遂返吉安，起義兵。旬日平宸濠。與前來平叛的宦官周旋。

1520年49歲，王艮投門下，艮後創泰州學派。

1521年50歲，在江西，始揭「致良知」之教，封新建伯。

1527年56歲，在紹興。出征思田。天泉證道，確定四句教法。

1528年57歲，平思田之亂，襲八寨、斷藤峽。

1529年卒於江西南安府。遺言曰：「此心光明，亦復何言？」

目錄
Contents

前言

　　一直以來我總認為自己是個「離經叛道」的人，因為從小我的想法就和大部分的人都不一樣。直到我讀了一本書，才發現自己的人生不但沒有「背離儒家經典」，而且居然還可以在儒學裡找到依歸，這本書就是明朝大儒王陽明的哲學著作——《傳習錄》。

　　《傳習錄》是王陽明與弟子、朋友論學的語錄。「傳習」一詞源自《論語》中的「傳不習乎」一語。《傳習錄》之於王陽明的意義，大概也等同《論語》之於孔子。

　　要說到我是如何接觸這本書，還真是一連串的意外。

　　對於我部門的人員招聘，我自己有一份筆試的試卷，四道試題裡有一題，問的是「你最喜歡的一本書」。

　　其實這四題裡，我最重視這個題目。因為我們每天醒著時相處時間最多的人，不是你的家人，而是你的同事。那彼此三觀一不一致，氣場合不合拍就特別重要。

　　而這道題能幫我了解來面試的人是怎樣的一個人。但是，我發現大部份的人都不太重視這道題，總是隨便寫寫。所以少數能用心答好這個問題的人，我都記得。其中令我印象最深刻的，是一個面試者在說到《明朝那些事兒》時，那眉飛色舞的樣子。

　　後來我就是在這本書裡重新認識了王陽明。

　　那時我請公司裡的採購小妹幫我網購有關王陽明的書，她居然把王陽明誤認為是王重陽！

毫不誇張地說，如果把王重陽和王陽明放在一起作個民調，我相信王重陽的人氣一定比王陽明高得多。

　　說真的，**比起「中神通」王重陽，一般人對王陽明的認識實在是太少了。**

　　春秋時魯國大夫公孫豹曾稱「立德、立功、立言」為「三不朽」。

　　而傳統儒家則認為，歷史上能夠達到「三不朽」的聖人只有「兩個半」，分別是孔子、王陽明和曾國藩（半個）。

　　更猛的是，在武俠宗師金庸的《神雕俠侶》中，王陽明還是位武林高手：「明朝之時，大儒王陽明夜半在兵營練氣，突然縱聲長嘯，一軍皆驚，這是史有明文之事。」

　　《大衛》是義大利「文藝復興三傑」之一米開朗基羅的代表作。這尊雕像被認為是西方美術史上最值得誇耀的男性人體雕像之一。

　　有個記者問米開朗基羅：您是如何創造出《大衛》這樣的偉大巨作？他回答道：很簡單，我去採石場，看見一塊巨大的大理石，大衛本來就在這塊大理石裡面，我只是將他釋放出來而已。

　　有位老師看了我的書稿後告訴我說，一般而言，寫學說的人就專門寫學說，寫自傳的人就專門寫自傳。把兩者結合起來寫的，倒是沒有見過。

　　事實上，我並不是刻意把兩者結合起來寫。

　　而是這些回憶，本來就在這心學裡面，我只是將它釋放出來而已！

　　比如說，在讀到「人有疑，自信不及，故以《易》問天。」這一段時，我會想起大學聯考前七天，我媽帶我去廟裡拜拜，求神明保祐我考上大學的往事；讀到「人胸中各有個聖人，只自信

不及，都自埋倒了。」這一段時，我自然而然地想起，大一期末考時，我用高中數學解大學微積分的回憶。這一段段的陳年往事，就隨著《傳習錄》的一字一句，在字裡行間，不斷地在我的腦海中浮現。

這些如煙往事在心裡積壓了太多、太久，最後到了不吐不快的境地，於是就有了這本書。

第一章

兩個人的決賽

1. 一念發動處便即是行

　　愛因未會先生「知行合一」之訓，與宗賢、惟賢往復辯論，未能決，以問於先生。

　　先生曰：「試舉看。」

　　愛曰：「如今人盡有知得父當孝、兄當弟者，卻不能孝、不能弟。便是知與行分明是兩件。」

　　先生曰：「此已被私欲隔斷，不是知行的本體了。**未有知而不行者。知而不行，只是未知。**聖賢教人知行，正是要復那本體。不是著你只恁的便罷。」——《傳習錄》

　　徐愛因未能心領神會先生「知行合一」的訓示，與宗賢、惟賢你來我往反覆地辯論，但是仍沒有結論，於是向先生請教。

　　先生說：「你舉個例子來看看。」

　　徐愛說：「如今許多人知道應當孝順父母、友愛兄弟，卻做不到孝順、友愛，這樣看來知和行分明是兩件事。」

　　先生說：「這是因為心已經被私欲蒙蔽，不是心的本來面貌了。從來沒有在良知被觸動後而不去行動的，**知道了卻不行動，那是因為這個『知道』沒有觸動你的『良知』。**聖賢教人去知、去行，用意正在於使你的良知本體復歸其本來的面貌，不只是簡單地告訴你怎麼去知、去行就算了。」

2016大選有個候選人在她的競選宣傳影片中，提到她「少女時代參加過國術隊、越野車隊、田徑隊，也擔任過手球隊長，並在鄉運中拿下100公尺金牌與壘球金牌，其中壘球項目更破了大會紀錄，念高中時參加籃球校隊，曾拿下HBL冠軍」。據此，某些媒體「刻意」挑這幾個運動項目來寫，並省略她的其它學經歷。（其實她是交通大學土木工程系博士班，並拿過NASA的全額獎學金）

有資深媒體人感嘆台灣教育長期「過度」重視學歷，「跑步拿過冠軍不能寫嗎？只有功課第一名才重要嗎？」，「候選人覺得小時候運動表現好，值得拿出來分享，她就有權寫出來，沒有甚麼好笑的。」好笑的不是這個候選人，而是台灣社會本身，只想看到「高學歷」，不想知道「學習成績」以外的表現。

這讓我想起了我大學時代三度參加政大校運會的往事。

提到政治大學，台灣人都知道那大概就是一所以學術研究為主的學校，人文薈萃而且文風興盛，這是往好的方面說。但凡事有光明面必有黑暗面，那就是這裡的運動風氣比較沒那麼發達。這一點不但你知道我知道，連我們系主任也很清楚。所以，為了鼓勵我大會計的學生參加每年一度的校運會比賽，那獎勵可以說是非常地優渥。光是「參加獎」（有參加競賽項目的人都有）就是鬥牛士（西餐廳－政大店）的慶功宴，此外個人獎項方面，第一名有獎金六千元……，一直到第六名獎金居然還有八百元。

對於系主任提倡本系運動風氣的誠意（ㄐㄧㄤˇ ㄐㄧㄣ），實在令我深為感動。而當一個人被感動時，則必然會有所行動。

幾乎可以這麼說，在小學階段的考試中，如果題目裡有王陽明這三個字，那你可以直接填上「知行合一」這四個字當答案，應該有六成以上的機率可以拿到分數。

第一章
兩個人的決賽

但是我們知道什麼是「知行合一」嗎？很遺憾的，我們並不知道什麼是「知行合一」！

會有這種謬誤，主要是因為陽明先生的「知行合一」是被擺在下述兩種學說中一起來介紹的。一是「知易行難」，這出自《尚書》：「非知之艱，行之惟艱。」知道它並不難，去做它就難了。二是「知難行易」，這出自孫中山先生《民族主義》第五講：「諸君要知道知難行易的道理，可以參考我的學說。最重要的就是希望國人能夠力行實踐，不要空說、空想。並舉出十個日常生活中的例子說明『不知亦能行』。」

在這種情況下，陽明先生的「知行合一」就順理成章地被解釋成單純的「知道就去做」，或是「理論與實際的聯系」。此大謬矣！

陽明先生說：「未有知而不行者。」如果以上述語境將這句話翻譯成：沒有知道了卻不去做的。這樣說連三歲的小孩子都不相信，因為這和普羅大眾的認知不符。

陽明所說「知行合一」，這裡的「知」不是知道，而是指「良知」。而所謂「知行合一」，就是在「良知」的指引下，採取行動。是良知與行動合一，而不是「理論與實際的聯系」，或單純的「知道就去做」。

可以用大家都耳熟能詳的網路流行語來解釋這一點：

「裝睡的人是叫不醒的」；「不愛你的人你感動不了」。

這就是人心，它不是不知，而是不想知。

因為不想知，所以明明知道了也不能行。

2. 要行動但也要謀定而後動

　　愛曰：「古人說知行做兩個，亦是要人見個分曉，一行做知的功夫，一行做行的功夫，即功夫始有下落。」

　　先生曰：「此卻失了古人宗旨也。某嘗說知是行的主意，行是知的功夫。知是行之始，行是知之成。若會得時，只說一個知，已自有行在；只說一個行，已自有知在。古人所以既說一個知，又說一個行者，只為世間有一種人，懵懵懂懂地任意去做，全不解思惟省察，也只是個冥行妄作，所以必說個知，方才行得是。又有一種人，茫茫蕩蕩懸空去思一索，全不肯著實躬行，也只是個揣摸影響，所以必說一個行，方才知得真。此是古人不得已，補偏救弊的說話，若見得這個意時，即一言而足。……某今說個知行合一，正是對病的藥，又不是某鑿空杜撰，知行本體原是如此。今若知得宗旨時，即說兩個亦不妨，亦只是一個。若不會宗旨，便說一個，亦濟得甚事？只是閑說話。」——《傳習錄》

　　徐愛說：「古人把知和行分作兩件事，也只是要世人明白，一方面去做知的功夫，另一方面做行的功夫，這樣功夫才能有著落之處。」

　　先生說：「你這樣的理解反而是背離了古人的意思了。我曾經說過，知是行的開始，行是知的落實；知是行

第一章
兩個人的決賽

的開端，行是知的結果。如果能夠領會，只要說到知，行便包含在裡面了；只要說到行，知也包含在裡面了。古人之所以將知和行分開來說，只是因為世間有一類人，懵懵懂懂、任意而為，完全不加思考，只是任意妄為，因此才要提出知的概念，這樣才能讓他們做得恰當；還有一類人，整天空想，不肯切實躬行，全憑主觀臆測，因此才要提出行的概念，這樣才能讓他們知得真切。這是古人不得已而提出的補偏救弊之說，如果能夠領會真意，只要一句話便已足夠。……我今日提出『知行合一』，正是對症下藥。但『知行合一』的說法也並非我憑空杜撰出來，而是知與行的本來面貌即是如此。如今你若能明白我為何如此說，即便將知行說成兩回事也無妨，本質上則還是一回事；如若不明白我為何這麼說，即便將知行說成一回事，又有什麼用呢？不過是說些無用的話罷了。」

　　我是個知行合一的人，「心動不如馬上行動」是我的座右銘，然而，行動也要謀定而后動。

　　孫子開宗明義第一篇就是始計篇，這裡的計不是計謀，而是計算（Accounting），這也就是說Accounting才是戰爭的決定因素！

　　九把刀的《那一年我們一起追的女孩》裡，柯景騰說：「我以為大學裡都是娘炮（還有他自以為自己打架很厲害）……」，所以他去辦了一場無差別自由格鬥賽，然後……就沒有然後了。

　　所以說「熱血固然重要，但是選擇比熱血更重要」。

　　此時我泡了杯熱咖啡，放了片音樂CD，然後在書桌前氣定

神閒地坐下。這是我蘊釀寫作氣氛時的標配，此刻用來思索謀劃一樣管用。

人生在世，幾乎每天都得面臨許多「選擇」，只是有些無關緊要，有些事關重大。戰國時的哲學家楊朱，在遊江西陵山時，因為山上的歧路太多，他無從選擇而潸然淚下，從而感慨萬千：「人生處處都是這樣的三岔路口啊！」這就是有名的「楊朱臨路而泣」。

「如果參加運動會的話，你會選擇什麼比賽項目？」多年以後，我在閒聊時就這樣問過我們財務部的同事Tina。

「當然是自己最拿手的阿！」他斬釘截鐵斬、毫不猶豫地這麼回答。說真的，他的答案不出我意料之外，因為我一直認為，大部分的人都是像他這樣想的。然而像這種直線思考的人，在我看來幾乎都只能是「志在參加」而已。

為什麼呢？

依賴是一種慣性。大部分的人都有一種慣性思維。

《田忌賽馬》（《史記》卷六十五：《孫子吳起列傳第五》）就是中國歷史上最著名用「反慣性思維」取勝的例子。

齊國的大將田忌，很喜歡賽馬，每設重金賭注。有一回，他和齊威王約定，要進行一場比賽。他們商量好，把各自的馬分成上，中，下三等。比賽的時候，上等馬對上等馬，中等馬對中等馬，下等馬對下等馬。由於齊威王每個等級的馬都比田忌的馬強一些，所以比賽了幾次，田忌都失敗了。

後來孫臏教他「現在用您的下等馬對付他們的上等馬，拿您的上等馬對付他們的中等馬，拿您的中等馬對付他們的下等馬。」（今以君之下駟與彼上駟，取君上駟與彼中駟，取君中駟與彼下駟。）比賽的結果是田忌三局兩勝，贏了齊威王。

同樣上、中、下三等馬，按田忌的賽法敗，用孫臏的賽法就

第一章
兩個人的決賽

勝了。

　　人如果只是一味地按照慣性思維來決策，而事前不策劃、事中不管控、事後又不總結，並採取適當的應變措施，就算再比一百次，也不可能出現意外的結局。而有時雖然現實的條件無法改變，但是只要你轉變一下思維，採取不一樣的行動，就有可能得到不一樣的結果。

3. 以為必先知了，然後能行，
故遂終身不行，亦遂終身不知

　　今人卻就將知行分作兩件去做，以為必先知了，然後能行。我如今且去講習討論做知的工夫，待知得真了，方去做行的工夫，故遂終身不行，亦遂終身不知。此不是小病痛，其來已非一日矣。——《傳習錄》

　　現如今的人卻將知與行分作兩邊，認為必然是先知道了才能去做。如今我若只是講習討論如何去做知的功夫，等到知得真切之後才去行，必然會導致終身一無所成，也終身一無所知。這不是小病小痛，而是由來已久。

　　所謂「強中自有強中手，一山還有一山高。」所以比賽並

不是要選擇自己最強的項目，而是最具相對優勢（競爭力）的項目。比賽的奧妙之處就是，強和弱是相對而非絕對的，中等馬對上等馬而言是弱，但對下等馬而言則是強。

這就是兵法的最高境界——「避實擊虛」，所有一流的軍事家都會這一招。因為是最高境界，所以往往能出奇制勝。

我很清楚像我們這種跑得不快，跳得也不高的人，要想在一所一萬多個學生的學校運動會上掄元奪標，靠的要不是「避實擊虛」、「出奇制勝」又能是什麼呢？

紙上談兵人人都是高手，「避實擊虛」的道理大家也都明白。可是知道是一回事，做到又是另一回事，**「知道」和做到從來就不是一件事**。

《唐太宗李衛公問對》裡，有一篇專門講虛實。李世民說：「朕觀諸兵書無出孫武，孫武十三篇無出虛實。用兵能識虛實之勢，則無往而不勝。諸將人人都會說『避實擊虛』，但是到了戰陣，卻沒有能看得出敵方虛實的。」

為什麼呢？

西方兵聖克勞塞維茲形容得好，他說：「每場戰爭一開打時，交戰雙方都是如墜五里迷霧之中。」在這團迷霧裡，你連敵方的虛實都看不出來，又如何能做到「避實擊虛」呢？

那時我掃視了一下比賽項目，一眼就挑中了百十高欄。

為什麼要選擇百十高欄？

因為「正常」的人不會選擇這個項目！

不只自己不會主動選擇這個項目，即使這是系上交給你的任務，你都很可能會棄賽，為什麼呢？

因為我「完全不會」這項運動。

正常來說，比賽就和打仗一樣，想要在戰場上取勝不外乎「揚長避短」。

第一章
兩個人的決賽

不選擇自己最拿手的項目就算了，居然去選擇自己完全不會的項目，這不是自殺嗎?!

有的路看起來像活路，其實是死路；
有的路看起來是死路，其實是活路

這還得從我為什麼不會百十高欄說起。因為從小學、中學再到大學，學校從來就沒有教過這項運動。

雖然每個人所念的學校不盡相同，但是我想，既然大家都是在同一套教育體系內成長的，所以，我很容易地推測，絕大部分的人應該都沒有學過百十高欄。

既然你不會，我也不會，那大家頂多是打個平手而已，所以，這絕不是自殺。

更重要的是，我很清楚「**當大家都不會時，只要你敢站出來，你就贏很多人了**」！

這又是為什麼呢？

以前的人說大學生是讀書人，也就是文人（書呆子），是文人（書呆子）就會有文人習氣（書呆子氣）。這種習氣在理學的思維中表現得尤其明顯。

按照理學的思路來走，要先把所有的知識都學會了，然後再來實踐。最後搞得所謂的文人都變成了「說就天下無敵，做就無能為力」的書呆子，也就是俗稱的「唬爛」。

真要說起來，那時我們班還真有一個「唬爛排行榜」，榜首就叫唬爛揚。

《大學》：「有所恐懼，則不得其正。」一個心懷恐懼的人，心中失去了中正狀態。在選擇比賽項目時放棄自己不會的項目，是正常的選擇。而這項人性弱點不正是為「避實擊虛」、

「出奇制勝」提供了天賜良機嗎？

那一年我正是看透了大多數人的心理，所以才心生這一策。

當然，這是心學的思維，「心即是理」。

也是在客觀地觀察和估計敵我形勢後，所得出的最佳策略。

說真的，如果那年非要等到自己學會，甚至是精通了跨欄的一切知識、技巧才去報名參賽，那就不會有我後來三次參賽（及得獎）的經驗，也就一輩子都不知道跨欄這件事是怎麼一回事了！

4. 人生本無萬全之策

> 辨既明矣，思既慎矣，問既審矣，學既能矣，又從而不息其功焉，斯之謂篤行。——《傳習錄》
>
> 當已達到能分辨清楚、思考慎密，問得已詳細，已學會了，還精進不已，持續不斷地用功，這就叫作切實地實行。

福爾摩斯說：排除所有的「不可能」之後，剩下的那個不論多「不可思議」，都是事實的真相。

雖然我覺得自己「在大海中撈到的這根針」是事實真相，不

第一章
兩個人的決賽

過，實踐才是檢驗真理的唯一標準，這個選擇是否正確，還需要在實踐中進行檢驗。

正當我信心滿滿，準備要一展身手的時候，一盆冷水突然當頭淋下來，給我來了個透心涼。

比賽手冊出來後，我看了一下賽程。雖然男子百十高欄的參賽人數只有三十多個，但還是得跑三槍（初賽、複賽、決賽）。和其它項目動輒七、八十人相比，雖然人數只有人家的一半，但是和我原先的猜想還是有滿大的一個差距。不過我還是很開心地決定去參賽，不管結果如何，最少我還有「參加獎」。

塵世間最悲慘的事不是失去了才悔恨莫及，而是人死了，卻跟沒有活過一樣

有一項調查顯示，超過七成以上的老年人後悔年輕時不夠努力以至於一事無成。為什麼會有這麼多人有這種感嘆呢？

原因往往只有一個，那就是在該拼命去努力時，想得太多、做得太少。光說不練、瞻前顧後，等到失去機會後才追悔莫及。

《孫子》：「多算勝，少算不勝，而況於無算乎！」

《曾胡治兵語錄》：「兵事怕不得許多，算到五六分，便須放膽放手——本無萬全之策也。」

所謂多算、少算，是相對而非絕對的。戰場瞬息萬變，想在戰爭開始前，把一切都算到，是不現實的。所以胡林翼說算到五六分，便須放膽放手，實在是老司機的肺腑良言。

人生不也是如此？既然能算的都算了，就算得出的結論再不可思議，該賭一把時就「挺身入局」，賭它一把吧！

5. 萬人響應，一人到場

知的真切篤實處就是行，行的明覺精察處就是知。知行功夫，本不可分離。只是因為後世學者把知行分成兩部分下功夫，失去了知行的本體，所以才有知行合一並進的觀點。真知就是能夠去行，不行不足以叫作知。——《傳習錄》

「知」到了最真切篤實、觸及了自己的良知就是「行」了，而行動時能到達良知明覺精察，能敏感地體驗到所做之事的情緒狀態時，也就是「知」了。知行的體系，本來就是不可分割的。只是因為後來的學者把知與行分割成兩部分來下功夫，這樣失去了知行的本來意義，所以才需要刻意提出知行必須合一並進的觀點，以防止更大的弊病出現。真正的「知」就是能夠去行，不能實際去行的就不足以叫作觸動你的「良知」。

比賽當天雲淡風輕，是個適合郊遊踏青、戶外活動的好天氣，我帶著「把預賽當練習」的輕鬆心情就去報到了。驗了學生證後報到完成，我這才留意到這裡沒有幾個選手，我那時還想可能是我來得比較早吧。但是隨著時間一分一秒地過去，我慢慢覺

第一章
兩個人的決賽

得怪怪的。因為直到最後報到時間截止，完成報到手續的也就五個人。

有些活動，網上響應的人很多，實際到場的人很少；有些考試，交報名費的人很多，實際上考場的人很少。

當裁判宣布，因為比賽人數不足，所以（從預賽跳過複賽）直接進行「決賽」時，我的心差點從喉嚨裡跳出來。

本來只是抱著見習的心態、志在「參加」的我，卻莫名其妙地「被晉級」了，而且是一步到位進入決賽！！這巨大的心理反差，沒有過硬的心理素質，小心臟恐怕承受不了。

「棄賽」的念頭在我的腦海中一閃即逝。我定下心來，對自己說：我不怕、我不怕、我不怕……為什麼不怕呢？不只是因為那還沒開賽就幾乎已經到手的獎金，更重要的是真正做學問的人，應該將平日所學的經書義理、切身感悟、躬行實踐。所謂「紙上得來終覺淺，絕知此事要躬行」，若只是光說不練，那跟畫唬爛有什麼分別呢？！

而高興只是微微的，因為我知道暗爽會得內傷！

我並沒有被「還沒有到手的勝利」沖昏頭，反而打量著今天第一次實地見到的這些欄架，它們實在比我想像的還要高了那麼一些些。而一下子就進決賽，也比我預期中要快了那麼一點點。

現在面對的這個局勢就是當初決定報名時我在心中所寫下的劇本，只是我猜到了結局，卻沒猜到這中間的一波三折。

事非經過不知難。從想報名到敢報名，從敢報名到敢報到，在心態上那差別還真不是一星半點、一子半目的。

這世上從來沒有哪一場戰爭是靠運籌帷幄就能取得勝利的，也沒有那一場比賽是只靠報名就能得獎的。謀劃固然重要，但場上見真章也很重要。沒有實際的行動，再好的構想也只能是空想。

6. 非過正不足以矯枉

愛曰:「古人說知行做兩個,亦是要人見個分曉,一行做知的功夫,一行做行的功夫,即功夫始有下落。」

先生曰:「此卻失了古人宗旨也。某嘗說知是行的主意,行是知的功夫。知是行之始,行是知之成。若會得時,只說一個知,已自有行在;只說一個行,已自有知在。古人所以既說一個知,又說一個行者,只為世間有一種人,懵懵懂懂地任意去做,全不解思惟省察,也只是個冥行妄作,所以必說個知,方才行得是。又有一種人,茫茫蕩蕩懸空去思一索,全不肯著實躬行,也只是個揣摸影響,所以必說一個行,方才知得真。此是古人不得已,補偏救弊的說話,若見得這個意時,即一言而足。……某今說個知行合一,正是對病的藥,又不是某鑿空杜撰,知行本體原是如此。今若知得宗旨時,即說兩個亦不妨,亦只是一個。若不會宗旨,便說一個,亦濟得甚事?只是閑說話。」——《傳習錄》

徐愛說:「古人把知和行分作兩件事,也只是要世人明白,一方面去做知的功夫,另一方面做行的功夫,這樣功夫才能有著落之處。」

先生說:「你這樣的理解反而是背離了古人的意思了。我曾經說過,知是行的開始,行是知的落實;知是行

第一章
兩個人的決賽

的開端，行是知的結果。如果能夠領會，只要說到知，行便包含在裡面了；只要說到行，知也包含在裡面了。古人之所以將知和行分開來說，只是因為世間有一類人，懵懵懂懂、任意而為，完全不加思考，只是任意妄為，因此才要提出知的概念，這樣才能讓他們做得恰當；還有一類人，整天空想，不肯切實躬行，全憑主觀臆測，因此才要提出行的概念，這樣才能讓他們知得真切。這是古人不得已而提出的補偏救弊之說法，如果能夠領會真意，只要一句話便已足夠。……我今日提出『知行合一』，正是對症下藥。但『知行合一』的說法也並非我憑空杜撰出來，而是知與行的本來面貌即是如此。如今你若能明白我為何如此說，即便將知行說成兩回事也無妨，本質上則還是一回事；如若不明白我為何這麼說，即便將知行說成一回事，又有什麼用呢？不過是說些無用的話罷了。」

對於「整天空想，不肯切實躬行」的人，我念小學時，國語課本上有一個「窮和尚和富和尚的故事」，是個很好的範例。大意是這樣子的：這兩個和尚都想去南海朝聖，有一天窮和尚找到那個富和尚說：我要去南海怎麼樣？富和尚說：我打算去南海計畫很多年了，都沒能實現，你靠什麼去呢？窮和尚說：一個鉢就夠了。富和尚不信，繼續準備自己的計畫，一年後，窮和尚從南海回來了，而富和尚仍然準備，最終也沒能去南海。

我想「空想」（整天空想，不肯切實躬行）與「盲動」（懵懵懂懂、任意而為，完全不加思考）這兩種人，在這社會上所在

多有，所以很容易去理解這兩種錯誤。比較值得說明的是陽明所提**「此是古人不得已，補偏救弊的說話」**，我覺得這其實很像厚黑學裡的「補鍋法」。

　　有一則報導令我至今仍印象深刻。有一個記者，在訪問一家新興報社的社長時，問了一個非常刁鑽的問題，他問說：一般而言，辦報應該力求公正、中立，為什麼貴報的立場這麼偏頗呢？面對這樣子的詰問，這個社長並沒有生氣，反而很客氣的說：現在幾乎所有的報紙都是一面倒地往一邊傾斜，即使我們傾盡全力地往另一邊拉，尚還不足以做到你所說全面公正、中立的平衡報導，這怎能說我不公正、不中立呢？

7. 天君泰然，百體從令

　　崇一問：「尋常意思多忙，有事固忙，無事亦忙，何也？」

　　先生曰：「天地氣機，元無一息之停。然有個主宰，故不先不後，不急不緩。雖千變萬化，而主宰常定。人得此而生。若主宰定時，與天運一般不息，雖酬酢萬變，常是從容自在，所謂『天君泰然，百體從令』。若無主宰，便只是這氣奔放，如何不忙？」——《傳習錄》

　　歐陽德問：「平常思想意念多忙亂，有事時固然忙亂，無事時卻也忙亂，這是為何？」

第一章
兩個人的決賽

先生說：「天地萬物生生不息，沒有一刻停止。然而天地之間有一個主宰，所以天地萬物才不會亂了秩序。雖然有千變萬化，但主宰不變。人心正是身體及行為的主宰，如果心靈安定，像天地運行一樣生生不息，即使平常需要應酬周旋，事務繁忙，也常常能從容自在地應對，這就是『心靈達到泰然自若的境界，人的身體和各種行為就能遵從其號令』。如果沒有主宰，只是氣的奔放流竄，怎麼能夠不忙亂呢？」

　　工作人員開始在跑道上排列比賽的欄架。參賽選手則在跑道上做一些簡單的伸展運動，做最後的調整。

　　俗話說：「沒有三兩三不敢上梁山。」這句話如果不是唬人的，那麼眼前這四位大哥就沒有一個是吃素的角色……，這一點我心裡有數。

　　而當我真正站在跑道上，那種身歷其境的壓迫感真不是在書桌前可以摸擬出來的。

　　此時，神馬智計、謀略的都是浮雲，這個我心中也明白。

　　雖然我一直覺得自己「應該」可以跨過那些欄架，可是我也知道，即使是世界級的選手都有可能在比賽中馬失前蹄，更何況到目前為止，「能跨過那道欄架」一直只存在於我自己的想像中、主觀意識裡，還不是客觀的事實。

　　我焦慮、我想退縮，然而我回想起自己小時候一些青春無畏（年少叛逆）的往事……，於是鼓起勇氣、走上前去。

　　「輸不丟人，怕輸那才丟人！」

棄賽是不可能的，此刻我只能祈禱我的金剛腿真有那麼大力。突然有一道靈光穿過我的腦門，射入我的腦海，然後……我不由自主地開始進行我的「自救」行動……。

老實說，我並不知道這樣做有沒有違例。

事實上，我相信也不會有人在這個節骨眼幹這種事。

當其他參賽選手在起跑線上，做最後的起跑準備時，我急急忙忙地用大跨步的方式在跑道上計算腳步（因為跑步時的步伐會比走路大），然後根據直覺（良知），測量出一個我自認為最合適的起跳點，最後用釘鞋「悄悄地」在那裡劃上一條線做記號（還好我政大的運動場不是PU跑道）。

我想如果當時旁邊有攝影人員的話，他應該可以配上這樣的OS：喂兄弟，你別鬧了，跨欄是很危險滴，你趕快回家去吧。人家都在準備要起跑了，你現在才在算腳步哦?!拜託，這可是決賽耶──國立政治大學校慶運動會男子百十高欄的決賽耶！

開玩笑，這不叫臨危不亂，什麼才叫臨危不亂?!

有些事情看上去很簡單，真要自己去做卻很困難；在局外時可以想得很巧妙周全，但是一旦入了局，就會念頭頻現！

瑞士重量級網球教練Rolf Buehler談到，現今職業網壇世界排名前十的選手實力都在伯仲之間，至於像Novak Djokovic和費爹（Roger Federer）之所以能成為球王，在於關鍵時刻的心態調整優於其他選手，而這也是身為冠軍所要具備的特質。

用武俠的語境來說：高手過招，勝負往往只在一線之間。而心理素質就是在高手過招中能勝出的那一線關鍵。

人是宇宙的中心，心則是人的主宰。心靜了，世界也就靜了。

第一章
兩個人的決賽

8. 風嘯嘯兮，易水寒；霧煞煞兮，霧煞煞

　　問：「**知至然後可以言誠意。今天理人欲知之未盡，如何用得克己功夫？**」

　　先生曰：「**人若真實切己用功不已，則於此心天理之精微，日見一日，私欲之細微，亦日見一日。若不用克己功夫，終日只是說話而已，天理終不自見，私欲亦終不自見。如人走路一般，走得一段方認得一段，走到歧路時，有疑便問，問了又走，方漸能到得欲到之處。今人於已知之天理不肯存，已知之人欲不肯去，且只管愁不能盡知，只管閑講，何益之有？**」——《傳習錄》

　　按照理學的思路，要先把所有的知識都學會了才能講誠意。如今天理和人欲還未徹底認識，如何能做克己（去掉私心雜念）功夫？」陽明先生先生說：「人若真真切切地用功不已，對於人心本質的精妙處，就能一天天地認識，對於私欲的細微處，也能一天天地認識。如果不用克己功夫，整天只是聊些閑話而已，天理不會自己顯現出來，私欲也不會自己浮現出來讓你去掉。如同一個人走路，走過一段才認識一段路，走到岔路時，不知走哪條路就要問，問好路了又走，方能慢慢到達要到的地方。如今

人們對已知的天理不肯存養，對已知的私欲不肯去掉，卻只管發愁不能認識到全部的道理，只會唬爛，又有什麼益處呢？」

「霧煞煞兮，霧煞煞」。我在網上查了一下，居然有人翻譯成：大霧彌漫阿，大霧彌漫阿。

拜託，這個「霧」和霧裡看花、一頭霧水的霧是同一個意思，煞煞則是語助詞，不具任何意義，只是加強前面那個霧的語氣。

翻譯成大白話則是：我還真是TMD霧裡看花，看得是一頭霧水阿！（註：TMD也是語助詞，不具任何意義。）

本來我以為可以直接進決賽，結果比賽手冊出來告訴我說，不好意思你想得太美了，賜你跑三槍；我本來抱著輕鬆愉快的心情要來預賽「事上練」，結果裁判出來告訴我說，不好意思你又想得太美了，賜你直接進決賽。

我還真是霧煞煞兮，霧煞煞！

平常心是必須的，因為我知道：緊張解決不了問題，還會阻礙洪荒之力的爆發。而在絕境中爆發出洪荒之力，一向是我的大殺招。

「各就各位」，站在起跑線上，我突然感覺到腎上腺素開始急速分泌。此刻我全神貫注在這我想破了頭也想不到的百十高欄人生第一戰，而且還是決賽！

因為是第一戰，所以這場比賽我的第一個小目標，就是「跨過第一個欄架」，這可不是開玩笑的，我也真的即知即行，知行

第一章
兩個人的決賽

合一。

眼下雖然有了那條起跳線，但是在它能被確實實踐並證證明有效之前，我心裡也是七上八下的。

接下來第二個目標是，跨過第二個欄架，這也不是開玩笑的。

你千萬不要以為「頭過身就過」，能跨過第一個欄架自然能跨過第二個欄架。要跨第二個欄架時，雖然有了跨第一個欄架的經驗，可是接下來的連續動作：跨過第一個欄架落地後怎樣平衡身體，怎樣增加腿部力量，如何順著慣性調整腳步再繼續加速，然後分分鐘尋找下一個未知的起跳點……這些又是另一系列的考驗！

跨過前兩個欄架後，我的直覺（良知）告訴我，不要只用眼睛去看，更要用心去感覺：

去感覺自己的節奏和步伐，去感覺欄架的遠近和起跳的甜蜜點。

最後，在理想和現實的綜合考量下，我確定今天的終極目標是──「不要墊底」。

在戰鬥中學習戰鬥

「這個過程，就好比一個人走路出門一樣，走得一段才能認得一段路，走到岔路口時，有疑問便問人，弄清楚了再接著走，這樣才能逐漸到達目的地。」

有些人在危急關頭時看似仍拈花微笑、談笑風生，其實大家都是凡人，都會恐懼，只不過有些人的演技比較好而已……。

最後，比賽結果出來，我居然不是最後一名！

表面上我微微一笑、淡然自若，但是內心裡又驚又喜、驚喜

不已……。

　　這讓我想起那一年，中國古拳法第二代傳人何金銀自殺式挑戰斷水流大師兄，最後居然沒有被打～死的勵志小故事。

9. 人的心不僅要在順境中去鍛鍊，更需要在逆境下被檢驗

　　問：「靜時亦覺意思好，才遇事便不同。如何？」

　　先生曰：「是徒知靜養，而不用克己工夫也。如此，臨事便要傾倒。人須在事上磨，方立得住，方能『靜亦定，動亦定』。」——《傳習錄》

　　陸澄問：「平常沒事靜守時感覺良好，但是一遇到事情就不一樣了。為何會如此？」

　　先生說：「這是因為你只知道在靜守中涵養，卻不知道努力去做克制私心雜念的功夫。這樣一來，真要遇上大事你就會自亂陣腳。人必須在事上磨煉自己，這樣才能站得穩，才能達到『無論靜守還是行動，都能保持內心安定』的境界。」

　　人的天性是趨甜避苦、趨吉避凶的，所以對正常人來說，在

第一章
兩個人的決賽

選擇比賽項目時放棄自己不熟悉的領域，是正常的選擇。只要能巧妙地利用這項人性弱點，能成功第一次，就能成功第二次。

這個道理其實高中國文課本中就有教過，《庖丁解牛》（《莊子‧養生主》）：彼節者有間，而刀刃者無厚；以無厚入有間，恢恢乎其于遊刃必有餘地矣。

比賽就如同一全牛，**瞭解比賽規則，並且將它運用到極致，**選擇對手最薄弱的環節，就可以遊刃有餘。

當比賽規則已經瞭解了，對手最薄弱的環節也掌握了，那麼再次參賽也就成了風吹幡動、水到渠成、順理成章的事情！

我對第二戰的記憶是從比賽那天的早晨開始的。

一開始它平淡得像是另一個平凡的一天，平凡得我差一點就不由自主地回去睡回籠覺，真的就差一點點。

那天早上當我睜開雙眼時，發現房間裡暗濛濛得像是一滴墨汁，滴在一杯檸檬水裡。

我心想天應該還沒有亮，所以又閉上眼瞇了一會兒。

不知過了多久，我心想不對勁，於是打開了窗戶，一看天空烏雲密布，再把手伸出去，感受到了些些的雨絲，這證實了我剛剛的想法。

「下雨天，睡覺天，現在這個時候再去睡個回籠覺最舒服了……」我想有很多人第一時間都是這麼想的，包括我自己。

阿你又不是人家肚子裡的蛔蟲，怎麼知道別人是如何想的呢？

聖人說，天地萬物和我心是一體的（萬物一體）。一個人之所以能被看透，關鍵就在於人心。正所謂「人同此心，心同此理。」

既然我想回去睡覺，推己及人，那其他人心裡肯定也想回去

睡覺。

就在我身體放軟，徐徐往枕頭上降落時，突然間一個念頭在我的腦海中浮現，剎那間讓我睡意全消，以致一落床就彈床而起。「如果大家都這樣想的話，那今天的比賽會變成……《龜兔賽跑》?!」

地球人都聽過《龜兔賽跑》的故事，但「聽過」和「聽懂」的區別，正如狗和熱狗一樣，可謂相差十萬八千里。

很多人你平常問他《龜兔賽跑》的故事，他都知道，不但知道「第一次」《龜兔賽跑》的故事，甚至知道「第二次」、「第三次」……。可是，一旦瞌睡遇到枕頭時，他就全都想不起來了。

所以說，平常當你在書桌前喝著咖啡，聽著音樂……，所做的英明睿智的選擇不能代表你是怎樣的一個人，只有當關鍵時刻，瞌睡遇到枕頭時，你所做的決定才會決定你是怎樣的一個人。

10. 沒有人能隨隨便便成功

人須有為己之心，方能克己；能克己，方能成己。
——《傳習錄》）

一個人必須要心懷夢想，才能克服自己身上的弱點；而能克服你身上的弱點，才能成就你心中的夢想。

關於這一點,學長告訴過我一個在我大會計裡的真實傳說,有多真實呢?真實到每一年你都能在我大會計找到有人符合裡面的情節若干。

　　從前有幾個學長很喜歡打麻將,是所謂的「會計好牌友」,一般大四的課程都很少,所以當時他們經常一打就是通宵。話說有一晚,他們打到半夜三點鐘,熱戰方酣的時候,有一個學長(權且叫他甲)突然說他要先去睡一下,正當大夥兒覺得他很掃興時,他接著說:「因為他明天一早要考研究所。」(大家全部臉上三條線)……。放榜那天,他們仍然在打麻將,那個時候不像現在可以上網查榜,你得親自去布告欄看榜單才行。所以那時就派了一個當時正在一旁輪空的學長(權且叫他乙)去看榜。不久,那個學長乙去看完榜,回來後說學長甲沒有考上。但是,事實上那個學長甲是有考上的。為什麼差異這麼大呢?因為那個去看榜單的學長乙覺得,這麼混的人即使能考上應該也是吊車尾的吧,所以他就把榜單的後半部看了一下,發現沒有學長甲的名字,就趕緊回來了。然而那個大家都覺得很混的學長甲,最後卻考了個榜眼,也就是第二名。所以才會造成這個大烏龍。

　　那個學長甲半夜三點多才上床,他「明知道蜷縮在床上感覺更溫暖,但還是一早就起床」為什麼呢?因為他知道今天早上要考研究所。

　　所以說,一個人必須要心懷夢想,才能克服自己身上的弱點。**一個沒有夢想的人,早上是不想起床的。**

　　一想到這一點,我馬上從床上爬起來,迅速地洗漱、換裝完畢,急急忙忙地出門。常人說,想什麼來什麼,一出了門才發現這場毛毛雨居然已經停了,早晨的陽光正普照大地,一股莫名的暖意忽地從我的心中緩緩湧起。

我那時住得離學校不遠，騎機車大概就五分鐘的車程。在進學校前，我順便在校門口旁的早餐店買了一塊三明治和一杯咖啡當早餐。可惜的是才剛找到我大會計的休息區，百十高欄預賽的報到廣播就響起了。我依依不捨地看了那塊三明治和那杯咖啡一眼，然後毅然決定將它們「放生」！雖然我可以在一分鐘內把它們塞進肚子裡，不過我怕待會兒跑到一半會吐出來……。

到了報到處，我一看那情景真是讓我一則以喜一則以憂，好消息是對手有（這點很重要）且只有一個，壞消息是唯一的對手蔡小武－是我大會計隔壁班的同學。

蔡小武看起來像是黑人，不過他是道道地地的台灣人，只是長得比較黑而已。但這不是重點，重點是他是我大會計有史以來棒球系隊、籃球系隊、排球系隊唯一的「三棲部隊」，號稱是會計系體育組的。

我想裁判應該也沒有遇到過這種情形，為此裁判組還特地召開了一個小型會議！

最後裁判很慎重地宣布：為了表揚我們兩個人的「運動精神」，特別決定讓我們兩個人進行冠亞軍PK賽！

哇哩～我知道今天會直接進決賽，但是，我猜中了開頭，卻猜不到這結局……

因為裁判這個英明的決定，接下來的二十秒鐘，我們倆個人合計將抱走超過一萬元的獎金，換算成時薪是……180萬元（10,000÷20×60×60＝1,800,000）──以「運動精神」之名。

「早起的鳥兒有蟲吃。」古人誠不欺我也！

打你不死你就更大尾

這是一場空前絕後，令人永生難忘的比賽。

第一章
兩個人的決賽

此時我的內心真是五味雜陳、百感交集。

去年初次參賽的情景，還仿如昨日、歷歷在目。猶記那時我只是戒慎恐懼、拚了命地在進行「反爐主保衛戰」。想不到今年第二次參賽，我居然已經在「冠軍爭霸戰」的行列了。尼采說：「打你不死你就會更大尾。」（That which does not kill us makes us stronger.）果然所言非虛。

可惜的是，雖然這是我三次參賽中，形勢最好的一次，卻也是狀態最差的一次，古語有云：「福無雙至」，我想這就是真實人生的寫照吧。

一上場我就發現自己完全不在狀態，不只是生理面，更重要的是精神層面。一樣站在起跑線，我完全感覺不到去年那樣的戰鬥意識，最扯的是，我居然覺得自己好像在做夢，畢竟二十分鐘前，我還賴在床上。

雖然如此，起跑後我還是傾盡全力，因為我不想拿最後一名阿。

沒有吃早餐，我的肚子早就餓到打鼓了，而雙腿也因為熱身不足，覺得緊蹦無力……。

就在我覺得自己快要撐不下去的時候，我的腦海中突然想起了獎……，不是，我突然想起了孟子所說：「故天將降大任於斯人也，必先苦其心志，勞其筋骨，餓其體膚，空乏其身，行拂亂其所為，所以動心忍性，增益其所不能。」這不就是指現在這種情況嗎？

在下雨天睡個回籠覺、喝杯熱咖啡、看一部溫馨的電影……這些小確幸，不會讓你領悟到天理，不會讓你認識到自己；只有當你的筋骨受到勞累，身體忍饑挨餓時……，你才有機會去進一步看見自己的心。

如果這個時候不能堅持下去，平時讀的那些書，學的那些道理又有什麼用呢？於是我再一次使出了洪荒之力，硬是跨過了餘下的欄架，衝過了終點……，雖然我終究還是輸了！

在這裡我想說的是，一個人在逆境中能不倒下，最關鍵的力量是什麼？是內心的堅持和意志力，而讓一個人的意志力堅持到底的，則是他的「為己之心」。

後來在畢業紀念冊上有一張我和蔡小武在頒獎台上的合照，照片的標題是：「兩個無聊男子比跨欄！」

那天頒獎時，我站在頒獎臺上，內心的世界忽然從一整個早上的兵荒馬亂中，柳暗花明起來，第一次有這閒情逸致，好好地欣賞一下這個盛會。早晨的微風迎面而來，吹過我的眉間，再掠過我的髮梢。感受著涼風習習，我發現：從三百公分高所看的世界，真的好美！

接受過銀牌後，我和蔡小武在頒獎台上一起拍了幾張合照留念，我開始回想起自己是怎麼一步步走到這裡的：

「想得到這一點的人，跨不過那些欄架；跨得過那些欄架的人，想不到這一點；想到這一點，又跨得過那些欄架的人，早上爬不起來！」

這件事給我的勵志啟示是：成功的路上並不擁擠，因為能堅持到底的人不多。（而「大學生早上爬不起來」這個現象在多年以後，總算引起一些有識之士的重視，並認為因為大學生早上爬不起來，以致上不了早上八點的課，將會影響到國家的競爭力！）

當是時，「吾提刀而立，為之四顧，為之躊躇滿志，善刀而藏之。」～咔嚓！

第一章
兩個人的決賽

11. 千里之堤，潰於蟻穴

> 克己須要掃除廓清，一毫不存，方是。有一毫在，則眾惡相引而來。——《傳習錄》
>
> 約束自己、克除雜念必須要徹底幹淨，做到一毫私欲都沒有，這樣才是理想的境界。有一點點私欲存在，那麼眾多亂七八糟的惡念就會受到吸引，接踵而來。

世上本沒有路，只是走的人多了，也就成了路

正所謂「有一就有二，無三不成禮」。所以這「終極一戰」早在大半年前就已經被我提上日程，等了好久終於等到今天……。我是這麼想的，可惜的是有人卻不這麼想……。

原本冷門到不行的校運男子百十高欄競賽，大概是因為去年我和蔡小武的那一場「巔峰之戰」太轟動了，竟引發江湖無數的英雄好漢競相加入，以致這一年在我大會計出現參賽人數爆炸的情形，這人數居然多到要在系內先舉行會外賽，乖乖隆地咚！

要知道，在我的參賽歷史中從來都是直接進決賽的，我連預賽都沒有跑過耶，現在要我去跑會外賽（資格賽），這不是壞了我的名節嗎？！

所以，當系學會負責校運會報名的學弟來找我談這件事情時，我覺得他已經把刀架在我的脖子上了！當時他的刀離我的喉嚨只有0.01公分，於是我只好施展唬爛揚的「唬爛大法」晃點他。

所謂「不誠無物」。所以我很誠懇地告訴他說：「學弟，（首先就情而言，）學長已經大四了，今年是學長的最後一戰，明年起就是你們的天下了，你們現在有什麼好爭的呢？

再說了（於理而言），我們倆個大四的學長是去年的冠、亞軍耶，理論上我們就是頭兩號種子（這一點連我自己都不相信……），請問你，有聽說過種子選手在參加會外賽的嗎？

最重要的是（就法而論），你自己去翻翻看比賽章程，裡面有任何關於舉辦會外賽的規定嗎？如果沒有的話，你憑什麼要求大家去參加會外賽呢？（大家平時功課都很忙耶）」

在學長（就是我）一番動之以情、說之以理的曉以大義之後，學弟若有所悟地點點頭走了，接下來還很稱職地勸退了其他的角逐（ㄐㄧㄠˇ ㄐㄩˊ）者，解決了這一段大戰之前的小小序曲。

聰明人之所以被稱為聰明人，就在於他們能夠從失敗中總結經驗，而且觸類旁通、舉一反三。面對這最後一戰，我並不想留下任何的遺憾。所以一大早我就起床吃了早餐，到了運動場做完了熱身運動，還有時間和同學、學弟妹哈啦一下，搞得好像是來參加同樂會一樣。

報到時看到蔡小武，不由得回想起去年那一戰，但是我相信今天絕不會重演我們去年的「巔峰之戰」。畢竟奇蹟之所以是奇蹟，就是因為它只能出現一次！

今天的報到人數和我第一次參賽時一樣就五個，依然是直接進入決賽，依然是還沒開跑就在得獎保障名額內。這相同的劇情

第一章
兩個人的決賽

無聊到讓我差一點想打哈欠！

　　經過前兩次跌宕起伏、曲折離奇的比賽經歷之後，我幾乎確信，這一次的比賽無論再發生什麼怪事，應該都動搖不了我千錘百煉的心志，「幾乎」就是差那麼一點點。

　　起跑槍聲一響，我像猛虎出閘般地衝了出去，不想在這最後一戰留下任何的遺憾。所謂一回生，二回熟，何況這是我跑第三次了。一切都非常地順利，我全神貫注、全身心地投入，仿佛忘記了周圍的一切，甚至忘了自己。但是，大概跑了一半過後，我突然覺得有點「怪怪的」。可是怎麼個怪法我一時間又意會不過來，畢竟現在進行的是激烈的短跑競賽，那有那麼多的時間去胡思亂想呢。只是我突然不由自主地用眼角餘光往左邊瞄了一下，沒人；再往右邊瞄了一下，還是沒人。這時我終於清楚地意識到，為什麼我會有這種「怪怪的」感覺了——我居然跑在第一位——我是第一名！當下我心裡真的給它震了一下下！

　　這一驚非同小可，就在此時，我覺得兩邊都有人影竄了出來，先是並駕齊驅，然後漸漸地超過前去。先是一個，然後兩個⋯⋯終點到，還好，最後沒有墊底。

　　陽明先生認為，修身養性時對心裡的私心雜念一定要清除得乾淨而徹底。要是還有一點欲念留在心裡面，這點欲念就會慢慢擴大，然後引起雜念紛紜，終至不可收捨。

　　所以說，夢想還是要有的，要不像這樣不小心見鬼了怎麼辦呢？

12. 洞察表象背後的本質

一友舉佛家以手指顯出問曰：「眾曾見否？」眾曰：「見之。」復以手指入袖，問曰：「眾還見否？」眾曰：「不見。」佛說還不見性。此義未明。

先生曰：「手指有見有不見，爾之見性常在。人之心神只在有睹有聞上馳騁，不在不睹不聞上著實用功。蓋不睹不聞是良知本體，戒慎恐懼是治良知的功夫。學者時時刻刻學睹其所不睹，常聞其所不聞，功夫方有個實落處。久久成熟後，則不須著力，不待防檢，而真性自不息矣。豈以在外者之聞見為累哉！」──《傳習錄》

一位朋友舉了個佛家的例子說，一位禪師將手指伸出，問大家：「你們看見了嗎？」

眾人說：「看見了。」禪師接著把手指藏縮回袖中，又問道：「大家還能看見嗎？」

眾人說：「看不見了。」

禪師說，這是還沒有徹見自己的本性。這位朋友不明白禪師的意思。

陽明先生回答說：「手指有看得見和看不見的時候，但能見的性卻是永遠存在的。人的心神只在看得見、聽得到的事物上馳騁，而不在看不見、聽不到的本性上切實用功。看不見、聽不到的是良知本體，而戒慎恐懼是覺察良

第一章
兩個人的決賽

知的功夫。學者如果能時時刻刻用心去體察這看不見、聽不到的本體，功夫才有一個真正的著落處。久而久之，功夫純熟後，就不用再著意用力，不再需要提防檢束，而人的真性自然就生生不息了。又豈會被外界的見聞所牽累呢？」

這件佛門公案，是指人只懂得用肉眼去看，不懂得用心眼。只相信眼見為實，明明心裡知道手指入袖，卻不認為這叫「見」。也就是說，見性之人，不該只依賴雙眼，更要重視內心的感受。

要知道，騎白馬的不一定是王子，也有可能是唐僧。

後來工作後，有一次我和一個大學學長一起出差，旅程中閒聊時剛好聊到這件有趣的校園往事。學長說：「這件事我知道，那個蔡小武有跟我說過。拜託，你們那才兩個人比而已，有什麼好說的呢？」

要知道，這位學長後來還念到台大會研所畢業，智商可說是非同一般。

不過由這個例子也能看出，我們常說「智商不等同於智慧」，是有一定的道理的！

《孫子‧虛實第六》：「**因形而錯勝於眾，眾不能知。人皆知我之所以勝之形，而莫知吾所以制勝之形，故其戰勝不復，而應形於無窮。**」

意思是說，根據敵情採取制勝的策略，即使勝利就擺在眾人面前，眾人還是不能知曉是怎麼取得勝利的。眾人都知道我是怎麼運用策略，在怎樣的情況下取勝的，大家都看到了。但是我是

如何根據局勢來因時制宜、因地制宜和因敵制勝的，大家就不知道了。所以戰勝敵人的方法每次都是不一樣的（因為每次戰況都不同），應該適應敵情而變化無窮。

在網上有一組網友瘋傳的照片，那組照片列舉了三位「大學沒畢業」的成功人士，如臉書創辦人馬克祖克柏、蘋果創辦人賈伯斯，以及微軟創辦人比爾蓋茲，但是最後一張卻出現一位穿著制服的超商店員，文字反諷著「他大學畢業」。

結果你看完後想學那些成功人士，大學退學去創業，卻落得慘敗收場。你以為看見人家是怎麼成功的，學著照做，卻只知其然而不知其所以然。人家是根據當時的情況和自身的條件，才那樣做的。等你照著做的時候，所有條件、情況都變了，那你就要失敗了。

事實上大家表面上看見的成功因素，大都不是關鍵的，關鍵的你往往看不到。

畫一條線，值1美元；
知道在哪兒畫線，值9999美元

20世紀初，美國福特汽車公司要排除一台大型發動機的故障。請了很多專家都束手無策，最後請來了德國著名的電機專家斯坦門茨。

斯坦門茨圍著機器檢查了兩晝夜後，用粉筆在機器外殼的某處畫了一條線，然後吩咐公司負責人說：「打開電機，在記號處把裡面的線圈減少16圈。」難題迎刃而解了。

斯坦門茨索要了1萬美元，但是這實在是太多了。要知道，當時一般人月薪只有5美元。

斯坦門茨回答道：「用粉筆畫一條線，值1美元；知道在哪

第一章
兩個人的決賽

兒畫線,值9999美元。」此語一出,眾人皆默然。

教育的首要目標永遠是獨立思考和判斷, 而非特定的知識——愛因斯坦

　　人的實力可分為硬實力和軟實力,硬實力是看得到的、可以客觀證明的能力,對學生而言,如證照、成績、學歷等,是一個人能力高低的外在體現。而軟實力則是看不見的、難以估量的能力,比如獨立思考的能力、處理壓力的能力等等。

　　陽明先生認為,一般人只在大家都看得見的硬實力上努力,而不在看不見的軟實力上切實用功。

　　現今生活中,我們又何嘗不是如此?

　　所以一旦碰上危機、困難,要嘛選擇逃避,要不就方寸大亂,故而不能發現隱藏在危險背後的轉機。人只有致良知、明心見性,才能以獨特的智慧,洞察到表象背後的本質,從而為自己的人生,找到一條最好的康莊大道。

第二章

生命中最難的階段
不是沒有人懂你

1. 沒有目標的路最遠

> 志不立，天下無可成之事，雖百工技藝，未有不本於志者。——《教條示龍場諸生》

> 志向不立定，天下就沒有做得成的事，即使是學習各種工匠技術手藝，也沒有不是心懷志向，持之以恆才學成的。

志不立是不立志的倒裝句，之所以要倒裝，就是為了強調立志的重要性。

陽明先生指出，立定志向，是成就一件事的根本，因為是根本，所以也就特別重要。

即使是那些木工、水電工等工匠，畫家、書法家等藝術家，也要專心致志地學習，才能有登峰造極、爐火純青的造詣（不是只靠天分就可以）。事實上，不只是學技藝需要立志，其實做任何一件事情，也都需要有一個堅定的志向和不屈的意志，才能突破種種困難。

隨著「Somewhere in time」（《似曾相識》）的優美旋律，我的思緒不斷地蔓延，慢慢地穿越過了時空，回到了那潛藏在腦海深處的年少時光。

光陰似箭、歲月荏苒，人生中有許多回憶都猶如青春小鳥一去不回頭。然而，有些往事，即使過了好久，卻仍令人彷如昨日般地歷歷在目。

　　那天早上，當鄰座的同學把我從睡夢中叫起來，說（監考）老師已經走了時，我才赫然驚醒。

　　我抬起頭看了一下周圍景象，想起現在正在考試（月考）中，接著又想起好像並沒有聽到鐘聲（考試時間還沒到），不過時間已不容我再細想下去，因為當我發現監考老師居然已經走到了門口，並且頭也不回地一步一步往教室外面走去。我趕緊抓起了那張寫不到一半的數學考卷往外衝，趕得及在教室門外交給了監考老師。

　　「老師，我還沒交（卷）……」監考老師以一種充滿不屑和鄙夷的眼神，冷冷地看了我一眼，什麼也沒說，收下我的考卷就走了。

　　「不會寫就算了，大白天的你居然給我考到睡著；大白天的睡覺也就算了，考場上你居然也能給我睡到不省人事?!」

　　惡劣！這真的是太惡劣了！

　　老師彷彿用眼神代替文字表達了這一切。

……我記得那感受……

　　真正是「朽木不可雕也。」我想這種情況應該要比因為在上課時打瞌睡，而給一般人的印象最深、被孔子罵得最慘的宰予還要惡劣一百倍吧?!

第二章
生命中最難的階段不是沒有人懂你

宰予，字子我，亦稱宰我，春秋末魯國人，是孔子著名弟子，位列「孔門十哲」之一，能言善辯被孔子許為其「言語」科的榜首，那「言語」科排名第二的是誰呢？就是下面馬上會提到「存魯亂齊」的子貢是也。這你就知道他在「唬爛界」的江湖地位有多崇高了吧？

　　可是長久以來，人們一提起宰予的名字，便會想起孔子對「宰予晝寢」的責備。

　　一個這麼好的學生，卻被一個這麼好的老師罵得這麼慘，這實在是太吊詭了！

　　按現有的記載來看，宰予不但常和孔老師頂嘴，而且最使孔老師不滿的，就是大白天睡覺。以孔老師生氣的程度看來，這「大白天睡覺」應該不只是午休時睡過頭而已，而是在上課時大打瞌睡。聖人為此大發雷霆，說了很重的話：「朽木不可雕也，糞土之牆不可汙也。」特別這句「朽木不可雕也」，就成了此後數千年來，所有的老師、長輩用來責備年輕人「無三小路用」、「撿角」（台語）的慣用語。

　　因為是聖人說的話，所以一直被視為真理，從此給宰予同學定了性，幾千年來也得不到平反，想想還真冤，不過就是在上課時打瞌睡而已，試問誰沒有過呢？

　　也曾有人為他打抱不平。漢代的劉向在《論衡》中，就責問過孔老師：「晝寢之惡也，小惡也；朽木糞土，敗毀不可復成之物，大惡也。責小過以大惡，安能服人？」孔子何許人也，劉向的反駁起不了作用，宰予就這樣成為千古以來的負面典型。

　　但是，這裡我就要小小感慨一下了，宰予比我的命要好，孔子罵他，說明他是個重要的人物，而我呢，**老師連正眼也懶得看我一眼，因為在他的眼裡，我根本什麼都不是。**

交完卷當下我有一種如釋重負的感覺，雖然有交卷不一定有分數，但是沒交卷肯定是零分。

只是，隨著這個燃眉之急的危機解決，緊接而來的是更多的失落，和深深的感觸。

雖然事隔多年，但是我依然記得非常清楚，那一次數學段考我的成績是36分。

老實說，整個小學六年的考試裡，我就沒寫過九十分以下的考卷。

結果升上國中的第一次月考，我從一向習慣頂尖和卓越的慣性中，雪崩似地掉到了對著考卷發慌的境地。這樣子的轉變實在太大了，以致於我忽然就「斷片」了——我感到腦子裡一片空白，心裡一陣恐慌……然後，不知怎麼地勾起了很多往事，想著我是怎麼變成現在這個樣子，為何會淪落到這般田地。

那是很久以前的事了，但是，當時的感覺我還清晰地記得：對現況感到無助，對未來感到茫然。

「塵世中一個迷途小書童」，大概是我當時的最佳寫照。

茫然和無助是怎麼來的呢？

當人類的思維之舟「從其停泊處被砍斷纜繩而顛簸在懷疑和不確定的艱難之海」時，他們會感到痛苦和困惑，只有一種方式可以抹平這種痛苦，消除這種困惑，那就是思維之船必須重新進入一種「新的信仰體系和實踐的體系中」。——《金枝》弗雷澤

人的茫然和不安，都是因為你和理想中的自己距離越來越遠，和曾經的自己差得越來越多。到了後來，可能連你都不認識你自己。

小學六年級時我擔任學校「大隊長」的職務，這個職務是幹

什麼的呢？主要是在每天升、降旗典禮以及其它全校集會時擔任司儀的工作，負責整隊和報告典禮及集會的進行流程。

每當我站在司令臺上喊口令時，全校的師生都得聽著我的口令動作，就在不久前的每一天。

怎麼忽然就成了這樣？

小學畢業時，我的總成績是全班第三名，但是升國中時，我居然被踢進了放牛班。

那時我念的學校採男女分班，男生班和女生班各有六個班級。男生一至二班是升學班，三至六班則是俗稱的放牛班。

很巧的是因為有些新建的教室還沒有完工，所以那一年的男生新生都不是在「正常」的教室上課的，一、二班是在視聽（貴族）教室上課，四至六班的教室則是以理化實驗教室暫時來充當。理化實驗教室裡就幾張大的實驗桌，六個學生一組就坐著圓凳圍著大方桌上課，和一般教室不一樣，沒有自己的課桌椅。

在新的學校裡，我不但失去了自己的「位置」，甚至還失去了自己的座位。

人不怕走在黑夜裡，就怕心中沒有光

人生最重要的是在每一個階段都要非常清楚自己是誰，要往那個方向走。

法藏法師有一首詩是這麼寫的：

什麼路最遠？

不是北極，也不是赤道；

不是極樂世界，更不是證果成佛。

而是沒有目標的路最遠！——【最遠的路】

事實上，身臨困境並不可怕，有時還可因而激發出連你自己都想像不到的潛力。真正可怕的是一個人心如死灰。

一個心中沒有光的人，就如置身於暗室之中，上不見天、下不見地，那種迷茫空虛的感覺是一種曠日持久的心靈虛脫。

所以，尼采說：「**生命中最難的階段不是沒有人懂你，而是你不懂你自己。**」

而志向恰恰是一個人走在茫茫塵世裡的照世明燈。

有了這盞燈，你才知道你現在在那裡，未來該往那裡去。

根據現代醫學的研究顯示，人的潛能十分巨大，但是由於無所用心、得過且過，大多數的人都沒能把自己應有的潛能發揮出來。而那些整天渾渾噩噩、遊樂嬉戲，任由時間白白地流逝，以致荒廢學業、一事無成的學生，都是由於沒有立定志向，心中沒有一個目標的緣故。

那麼何謂立志呢？

漢字都是古人智慧的符號，比如「怒」字，上面是一個「奴隸」的「奴」，下面是個「心」，這就是告訴我們，當我們發怒的時候，就是把自己的心變成了奴隸。

而「志」，就字面理解之，即是「把自己的心變成一個『士』」。

那麼「士」又是什麼呢？

「士」，是作為封建社會中最基礎的貴族，也是最高級的百姓。歐洲有騎士，日本有武士，而中國也有以知識分子為代表的

士族階級。戰國以後，逐漸成為統治階級中知識分子的通稱，也就是脫離生產勞動的「讀書人」。

陽明先生說：「只要心心念念存養天理，就是立志。能夠不忘記這一點，久而久之心自然就凝聚在這件事上。」所謂立志，就是要不忘初心並且時時刻刻存養、擴充出去罷了。

2. 致所有的困境，
  因為你們，我才成長

> 凡「勞其筋骨，餓其體膚，空乏其身，行拂亂其所為，動心忍性以增益其所不能」者，皆所以致其良知也。
> ——《傳習錄》
>
> 凡是使他的筋骨受到勞累，使他的身體忍饑挨餓，使他備受窮困之苦，做事總是不能順利。這樣來震動他的心志，堅韌他的性情，增長他以往所不具備的才能的各種事情，都是為了用來光大他的良知。

這段話出自《孟子》：「天將降大任於斯人也，必先苦其心志，勞其筋骨，餓其體膚，空乏其身，行拂亂其所為也，所以動心忍性，增益其所不能。」

我們經常會用孟子的這段話來激勵正在遭受苦難的人。但是陽明先生引用孟子的話強調，所有的困境都是為了使我們在磨難中提升自己，最後達到良知光明的境地。

　　這是說苦難只是拿來磨礪自身的外部環境，關鍵還在於自己的內心。你要在苦難中磨鍊出成為勝利者的素質，這才是苦難的真正價值和意義。

　　升上國中時，我念的一年四班是放牛班，比較好聽的說法是差班、B段班或後段班。但是我個人覺得這些叫法，其實都遠沒有「放牛班」來得有文化底蘊。

　　古代以九州之長為「牧」，《禮記》：九州之長，入天子之國，曰牧。

　　「牧」是管理人民之意。「牧」即以帝王角度睥睨天下，視民眾如牛羊牲畜。州牧如放羊牧牛之羊倌、牛倌，隱有管理卑下之意。

　　很多人以為放牛班裡的學生是放牛的，是牧童，這誤會大了。放牛班裡的學生只是牛而已，不是放牛的。

　　放牛是放牛班老師的工作。事實上，某些學生就是學校眼中的牛，而老師就是放牛的牧童，這是「以牛為本」而不是「以人為本」。

　　所以，後來有個教改團體叫做「人本教育文教基金會」。「人本」顧名思義就是以人為本。

　　「以人為本」說白了就是「把人當人」，教育者能把學生當人看，那麼這個社會就有希望，搞教育就這麼簡單而已。

　　我校的實驗大樓座落在學校的最角落處，兩層樓的樓房各有兩間教室，所以共有四間教室，剛剛好可以把四個放牛的男生班

第二章
生命中最難的階段不是沒有人懂你

都塞在這裡，遺世而獨立。

　　那時我印象最深刻的就是每天中午吃完午飯，不是有人帶隊到我們班上鬧事，就是我們班有人帶隊到別的班上鬧事……。我一直不明白的是，每天這樣打打鬧鬧到底有什麼意義呢？！

　　我以為他們都瘋了，可是事實上，在瘋人院裡，不瘋的人才會被認為是瘋子。

　　以前念到屈原：「眾人皆醉我獨醒。」你會佩服說，這種境界真是高阿！可是事實上，當別人都喝醉了卻只有你還醒著，那種感覺實在有夠悲涼。

　　那時沒有跟去打架或看人打架的人，就在教室裡呆著。呆著呆著就有人帶頭玩起了撲克牌，有一天我也實在是悶得慌，看著別人都有事情做，就想也過去湊個熱鬧。那帶頭的同學居然耍起老大，還要測試我會不會玩。

　　於是就在我才剛想要展示一下團結的善意時，就被拒於千里之外了。不過也正因為遇到這種「壞同學」，所以後來當這些打牌的同學，因為賭錢被告發而受到學校的懲處時，才沒有我的份。

　　北宋理學的開山鼻祖──北宋五子之首周敦頤認為，君子應該是出淤泥而不染的（《愛蓮說》）。真正的君子即使在花街柳巷，也不會去尋花問柳；身處窮山惡水，也不至於淪為刁民！

　　可這樣的君子畢竟是鳳毛麟角，因為你我皆凡人，活在人世間就免不了要受環境所影響。所以，**對於大多數的平凡人來說，環境是相當重要的。**

　　環境決定習慣，習慣決定性格，性格決定命運。表面上人的命運是由你的性格（心）所決定的，但是環境對於人的影響是很大的，特別是在人格的養成期。

　　所以古時孟母為了讓孟子有個良好的生活環境，曾多次搬

家，才會有「孟母三遷」的千古佳話。

與孟子齊名的荀子也說：蓬生麻中，不扶自直；白沙在涅，與之俱黑。──《荀子‧勸學》

雖然君子應該是出淤泥而不染的，但是事實上，人不可能不受環境的影響，無論你多麼小心謹慎，總會有天外飛來的橫禍，所謂「人在江湖漂，那有不挨刀」就是這個道理。

《史記‧仲尼弟子列傳》中有一篇〈子貢存魯〉的故事，充分說明了這個道理。

齊國權臣田常想要在齊國叛亂，卻害怕齊國國內高氏、國氏、鮑氏、晏氏等卿大夫的勢力，所以想轉移他們的軍隊去攻打魯國，以削弱他們的力量。孔子聽說這件事，想派學生去拯救自己的母國，經由內部海選，最後由子貢出馬。

子貢先出使齊國，說服田常，讓其同意放棄攻打弱小的魯國而去攻打強大的吳國，以削弱大臣、孤立國君。

又到吳國說服吳王先別打越國而攻齊國，最後說服晉國休兵禦齊。最終吳敗齊，而田常亂。吳復攻晉，為晉所敗。越王勾踐則趁勢滅吳而霸。

子貢也因此而聞名於諸侯。

所以，子貢這一趟出使，保全了魯國，擾亂了齊國，滅掉了吳國，使晉國強大而使越國稱霸，天下形勢一下子大變。說真的，這樣的表現真是讓人看得目瞪口呆，這樣的手段和功績幾乎可以秒殺那個時代所有的縱橫家。

事實上現實生活中，有很多人的命運就如上面故事中倒楣的齊國和吳國一樣，人在家中坐，禍從天上來。你說，這哥倆好一對寶找誰說理去呢？無奈何阿！無奈何！

2018年河北有一寒門女孩高分考取北大中文系後，一篇她所

第二章
生命中最難的階段不是沒有人懂你

寫〈關於自己，關於貧窮，關於希望〉的文章，也就是媒體口中的「感謝貧窮」，在網上瘋狂地被轉載。

俗話說：「吃得苦中苦，方為人上人。」大部分的成功人士在成功之前，都曾經歷過這樣或那樣的各種苦難磨鍊。然而令人遺憾的是，這世上大多數的人都在吃著苦中苦，為什麼卻只有極少數的人能成為人上人呢？

最重要的差別是，因為你沒有用這些苦難所帶來的磨鍊來提升你自己，以獲得成為人上人的能力。

如果你不能用經歷過的各種苦難來致你心的良知，那麼這些苦難就只是你命中的劫數，如此而已。

3. 人生不如意時，就當它是放長假

問：「孔門言志，由、求任政事，公西赤任禮樂，多少實用。及曾皙說來，卻似耍的事，聖人卻許他，是意何如？」曰：「三子是有意必，有意必便偏著一邊，能此未必能彼。曾點這意思卻無意必，便是『素其位而行，不願乎其外，素夷狄行乎夷狄，素患難行乎患難，無入而不自得矣』。三子所謂『汝，器也』，曾點便有『不器』意。然三子之才各卓然成章，非若世之空言無實者，故夫子亦皆許之。」——《傳習錄》

陸澄問：「孔子的弟子各談志向，子路、冉有想從

政，公西赤想從事禮樂教化，多少還有點實際用處。等到曾皙說來，卻跟玩耍似的，但是聖人卻反而贊許他，這是何意？」

先生說：「其他三人的志向多少都有些主觀猜測和武斷絕對，而心中有了這兩種心態就會偏執於一個方面，能做這件事卻未必能做那件事。曾皙的志向卻沒有這兩種心態，這就是『按照自己所處的地位而行事，不去做超出自己本分的的事，身處蠻荒之地便做身處蠻荒之地該做的事，身處患難之時便做身處患難之時該做的事，無論到了什麼地方，身處何種境況，都可以怡然自得。』其他三人是孔子所說的具有某種才能的人，而曾皙是孔子所說的『不器』的人。不過其餘三人的才能也各有過人之處，並非當今許多只會空談卻沒有實際本領的人，所以孔子也都贊許他們。」

「素其位而行」，出自《中庸·素位篇》：「君子素其位而行，不願乎其外。素富貴，行乎富貴；素貧賤，行乎貧賤；素夷狄，行乎夷狄；素患難，行乎患難。君子無入而不自得焉。」

這是說：君子要按照自己所處的地位而行事，不去做超出自己本分的的事。不論是身處富貴，或是身處貧賤，身處荒蠻之地，或是處於患難之境，只要依照當時的處境地位行事，無論到了什麼地方，身處何種境況，都可以怡然自得。

外部的學習環境是無日無之的打打鬧鬧，內在的精神狀態是無止無盡的傍惶迷惑。

第二章
生命中最難的階段不是沒有人懂你

俗話說：「少年得志大不幸」，那從入學開始就掉到谷底，這豈不是很幸運?!

在升學主義的教育體制下能一路爬上來的孩子，除了天分和努力之外，環境的造就是必不可少的。

很現實地來說，每個人的成功都有一個外部環境，這個外部環境就像運氣一樣，絕不可少。

有些外部環境特別好的人，並不需要過人的自身素質就能成功。

根據台大經濟系教授駱明慶在2002年的《誰是台大學生》研究報告顯示，相較於全台平均的0.89%來說，大安區居民有6.1%的機率可以上台大，而台東縣居民則只有0.19%。此外，研究中也提到，學生父母的教育程度和職業背景也影響了你上台大的機率。

看完這份研究，我們就不難發現，從一開始鄉下人和都市人就沒站在同一起跑線上。很多在底層默默耕耘、備嘗艱辛，最後卻「沒有辦法」爬上來的孩子，城鄉差距與家庭社經地位的先天不公，是一個重要的原因。

以下是我在橘報上面看到的一篇文章片段：

〈努力〉（四甲，小茜）——
很努力寫功課的人並沒有辦法。
很努力讀書的人並沒有辦法。
很努力長大的人並沒有辦法。

「沒有辦法」，只有區區四個字，但是個中滋味如人飲水，只有親自嘗過的人才能真正體會其中的冷暖！有時候，當你覺得

「沒有辦法」時，那就真的是沒有辦法了。

　　很多人喜歡舉「愚公移山」的故事，來說明做事有決心和毅力，不怕困難，知難而進就能「有志者，事竟成」的道理。

　　千萬不要以為有了愚公的精神就可以移山，這個故事的重點在於最後天帝命天神搬走了那兩座山，才把山給移了。

　　這就好像一個很努力工作的普通人，想要存錢買房子。最後感動了上帝，讓他中了彩券，總算買到了房子一樣，最後中了彩券才是重點。

　　其實我有時會想，那次月考我的數學成績真的可以不必是36分。

　　首先，如果監考老師提早收卷走人時，我能堅持自己的應考權益，叫老師回來繼續監考，讓我考完（這時代這樣的要求算合情合理，在那時代這叫做夢）；其次就是後來數學老師居然把考卷發下來讓學生交換改。

　　我覺得這擺明是在「放水」。不過老師放水並不是為了灌溉農田，可能是為了提高全班的考試成績和他自己的教學成效，也可能是為了省下自己改考卷的時間。所以把考卷讓學生交換改，說這樣一舉兩得那是謙虛，一舉多得才是事情的本質。

　　在我還因為初次目睹這個怪現象而目瞪口呆時，一些機靈、反應快的同學早就開始合縱連橫，忙著把自己的考卷運作到和自己「有默契」的同學甚至是自己的手上時，我還在陷入沉思，以致於失去了這麼做的最佳時機。

　　所以，如果數學老師把考卷發下來叫學生交換改時我能機靈一點，我還是有機會改寫這個36分的成績。可惜的是，人生沒有如果，也不能重來。這一錯過就是一輩子，這一錯過就讓這36分成為我這一生唯一記得的數學成績。

第二章
生命中最難的階段不是沒有人懂你

人生不如意十之八九

那面對這麼多排山倒海而來的不如意時，我們該怎麼做呢？

「人生不如意時，就當作是上天賜與我們的一個長假，此時不要勉強、不要焦躁，更不要太想有所作為，一切順其自然。」
——日劇《長假》

我想，要真正經歷過這些心酸的人才能明白，在那種環境之中、那樣的處境之下，是龍你也得盤著，是虎你也得趴著，一切只能順其自然。

「這時就應該好好享受假期」
——日劇《長假》

假如你無力改變生活，那麼不妨換一個角度學會享受生活。

這時候，混就是一種必備的生活技能。當然混只是手段，絕非目的。你混，時間在流逝，但通則不痛，想通了就沒有痛苦、煩惱。如果你想不通，隨著時間的累積，就會有太多的煩惱。《黃帝內經》有記載，人的心裡一旦有了太多的煩惱，就容易生病。

如果說「一個沒有夢想的人，早上是不想起床的」。那麼對於一個茫然無助又拿考卷「沒有辦法」的考生來說，考到睡著而沒有提前交卷，或許只是拒絕認輸的下意識表現而已。

我不想說話，沉睡是我最後的反抗。

「當突然有一天假期結束，時來運轉，
人生才真正開始。」──日劇《長假》

　　每個人的生命中，都有最艱難的那一年，這就像人生旅途中
的一個重要轉彎，這個彎如果轉得好的話，你的人生將會變得美
好而遼闊。

　　英國二戰時的首相邱吉爾曾經說過：「人的一生中總會有一
次或多次的機遇，就像「天將降大任於斯人」那樣地來臨，但可
悲的是，這一機會來臨的時候，你才發現自己沒有能力抓住它。

　　「素其位而行」並非混吃等死、不思進取，而是隱含了某種
灑脫。這種灑脫是在我們無力改變現狀時的淡然心態，讓埋怨、
焦慮等對於解決問題毫無用處的負面情緒平息下來。再以一種積
極、樂觀、開朗的態度去活在當下並等待時機。只有這樣，一個
人的內心才能夠平靜地把自己當下應該做且能夠做的事情做到最
好，也才能夠一點一滴地開發潛力、蓄積實力，當突然有一天，
機遇來臨時，才能暴發出驚人的洪荒之力。

第二章
生命中最難的階段不是沒有人懂你

4. 日拱一卒，功不唐捐

　　先生曰：我輩致知，只是各隨分限所及。今日良知見在如此，只隨今日所知擴充到底；明日良知又有開悟，便從明日所知擴充到底。如此方是精一功夫。與人論學，亦須隨人分限所及。如樹有這些萌芽，只把這些水去灌溉，萌芽再長，便又加水。自拱把以至合抱，灌溉之功皆是隨其分限所及。若些小萌芽，有一桶水在，盡要傾上，便浸壞他了。──《傳習錄》

　　陽明先生說：「我們光大自己的良知，也只是根據各自的天賦盡力而為。今天良知顯現到這個程度，就只依據今天所知的擴充到底。明天良知又有進一步的領悟，那便從明日所知擴充到底。這樣才是精研專一的功夫。和別人討論學問，也必須根據對方的天賦。好比樹苗剛剛萌芽，只用一點水去灌溉，樹芽長大些，便再加些水。樹木從一手能掌握的大小到雙臂合抱，灌溉的多少都是根據樹的大小來決定的。如果只是小小的樹芽，卻把一桶水都澆上去，就會把樹給浸壞了。」

　　有人會問，心學一方面強調心靈力量的強大（人胸中各有個聖人），另一方面又點出現實環境的重要性（素其位而行），這

會不會讓人精神錯亂阿？

其實這兩者並無抵觸矛盾之處。

陽明先生認為，初學者對於修心養性的功夫，應當循序漸進。因為人的天賦不一樣，領悟能力也不同，如果要求資質較差的人，一開始就去做那些天資很高之人才能做的事，如何能夠做得到呢？

「日拱一卒」，的意思是：每天像個卒子一樣前進一點點。「功不唐捐」是佛經裡說的話，唐捐的意思是白費了、泡湯了。功不唐捐是指努力絕不白費、絕不泡湯。

所以，這兩者合起來看就是要人每天都能努力進步一點點，總有一天能達到「致良知」的境界。

常聽人說人要從小就樹立遠大的夢想，其實未必如此。

就像大樹是由小樹長成的，遠大的夢想是靠不斷修正，而不是小時候在河邊看著小魚逆流而上所產生的。

不管前方的路有多苦，只要走的方向正確，不管多麼崎嶇不平，都比站在原地更接近幸福。——《千與千尋》

即使在20多年後我依然記得，那一年第一次段考我的三科主科成績：數學36分；英文稍微好一點，我考了48分，如果當時有算命的告訴我，三年之後我會考上台南一中。

告訴你，這句話我連標點符號都不信！

而國文科成績則是萬綠叢中一點紅——91分，我就記得這三科的分數。不單是因為這三科是傳統認知上的主科，更重要的是，這三科中有兩科爆爛，一科爆強。

國文91分只能說還不錯而已，有必要用到「爆強」來形容嗎？

我記得那一次段考，（總成績）全校第一名的同學，他的國文成績「才」90分而已。天阿，我居然贏了全校第一名一分。

為什麼全校第一名的同學國文成績「才」90分呢？

那時代不像現在，幼兒園就開始教三字經、學唐詩三百首。文言文是國中才開始教的。所以，國中第一次月考前，學校國文課頂多就教了二篇文言文（和其它的白話文），那閱讀測驗（課外題）考的文言文，你能靠這兩篇才剛學的文言文功底去解嗎？

也是因為這樣，那天考試，第一次看到那文言文的測驗題時我才發現，這東西（文言文）沒人教我自己居然能看得懂一半。

這表示雖然我數學爛、英文也爛，但是其它的科目我還是可以學好的；數學和英文雖然考不到九十分，但是進步到五、六十分是可以有的。

如果今天我只有三、四十分的實力，那我的小目標就是先進步到五、六十分；如果今天我的實力提升到五、六十分，那麼七、八十分就變成了我新的目標……。

夢想到底是什麼？

這是一個永遠沒有標準答案的問題。

中華職棒（CPBL）的看版球星「恰恰」彭政閔為某雞精拍了一個廣告，廣告名叫做《恰恰的夢想篇》裡面是這樣說的：

我想玩棒球，
我想加入校隊，

我想拿冠軍，

我想出國比賽，

我想進職棒，

我想成為MVP，

我要保持最佳狀態，

因為夢想會長大，

營養也要跟得上……

　　廣告的重點在「營養也要跟得上」，而我的著眼點則在「夢想會長大」。對於我而言，夢想就是不斷進取的人生。

　　那這個「不斷進取的人生」的第一個小目標是什麼呢？不是「先掙它一個億」，對當時的我而言是先想辦法在升二年級時擠進好班，然後……再想辦法。

　　人的一生有如負重致遠，不可急躁。一步一步地慢慢走，有時走著走著，就會在滄涼之中走出繁華的風景。

第二章
生命中最難的階段不是沒有人懂你

第三章

做人如果沒有夢想，那跟鹹魚有什麼分別

1. 生氣不如爭氣
2. 一念天堂，一念地獄
3. 哪裡有壓迫，哪裡就有反抗
4. 聖人之道，吾性自足，不假外求
5. 你只要去分享，那些看得懂的人，自然就是與你有故事的人
6. 一生破萬卷，而足使平生明道者，數卷而已（《一生之數》）
7. 好好色，惡惡臭
8. 一生存萬端，而足決平生成敗者，數端而已（《一生之數》）
9. 如果在午夜12點的時候，灰姑娘沒有及時跳上她的南瓜馬車，你們想一想，可能會出現什麼情況？
10. 如果我是灰姑娘的後媽，我也會阻止她去參加王子的舞會
11. 如果灰姑娘因為後媽不願意她參加舞會就放棄了機會，她可能成為王子的新娘嗎？不會！
12. 如果你們當中有人覺得沒有人愛，或者像灰姑娘一樣有一個不愛她的後媽，你們要怎麼樣？要愛自己！
13. 意志力就像人魚線，肯練就會有

「美國老師講《灰姑娘》的故事」

上課鈴響了，孩子們跑進教室，這節課老師要講的是《灰姑娘》的故事。

老師先請一個孩子上臺給同學講一講這個故事。孩子很快講完了，老師對他表示了感謝，然後開始向全班提問。

老師：小朋友你們喜歡故事裡面的哪一個？不喜歡哪一個？為什麼？

學生：喜歡灰姑娘（仙度瑞拉），還有王子，不喜歡她的後媽和後媽帶來的姐姐。灰姑娘善良、可愛、漂亮。後媽和姐姐對灰姑娘很不好。

老師：**如果在午夜12點的時候，灰姑娘沒有來得及跳上她的南瓜馬車，你們想一想，可能會出現什麼情況？**

學生：灰姑娘會變成原來髒髒的樣子，穿著破舊的衣服。哎呀，那就慘啦。

老師：所以，你們一定要做一個守時的人，不然就可能給自己帶來麻煩。另外，你們看，你們每個人平時都打扮得漂漂亮亮的，千萬不要突然邋裡邋遢地出現在別人面前，不然你們的朋友要嚇著了。女孩子們，你們更要注意，將來你們長大和男孩子約會，要是你不注意，被你的男朋友看到你很難看的樣子，他們可能就嚇昏了（老師做昏倒狀）。

老師：好，下一個問題，如果你是灰姑娘的後媽，你會不會阻止灰姑娘去參加王子的舞會？你們一定要誠實喲！

學生：（過了一會兒，有孩子舉手回答）是的，**如果我是灰姑娘的後媽，我也會阻止她去參加王子的舞會。**

老師：為什麼？

學生：因為，因為我愛自己的女兒，我希望自己的女兒當上王后。

老師：是的，所以，**我們看到的後媽好像都不是好人，她們只是對別人不夠好，但是她們對自己的孩子卻很好，你們明白了嗎？她們不是壞人，只是她們還不能夠像愛自己的孩子一樣去愛其它的孩子。**

老師：孩子們，下一個問題，灰姑娘的後媽不讓她去參加王子的舞會，甚至把門鎖起來，她為什麼能夠去，而且成為舞會上最美麗的姑娘呢？

學生：因為有神仙教母幫助她，給她漂亮的衣服，還把南瓜變成馬車，把狗和老鼠變成僕人。

老師：對，你們說得很好！想一想，如果灰姑娘沒有得到神仙教母的幫助，她是不可能去參加舞會的，是不是？

學生：是的！

老師：如果狗、老鼠都不願意幫助她，她可能在最後的時刻成功地跑回家嗎？

學生：不會，那樣她就可以成功地嚇到王子了。（全班再次大笑）

老師：**雖然灰姑娘有神仙教母幫助她，但是，光有神仙教母的幫助還不夠。**所以，孩子們，無論走到哪裡，我們都是需要朋友的。我們的朋友不一定是神仙教母，但是，我們需要他們，我也希望你們有很多很多的朋友。下面，請你們想一想，**如果灰姑娘因為後媽不願意她參加舞會就放棄了機會，她可能成為王子的新娘嗎？**

第三章
做人如果沒有夢想，那跟鹹魚有什麼分別

學生：不會！那樣的話，她就不會到舞會上，不會被王子遇到，認識和愛上她了。

老師：對極了！如果灰姑娘不想參加舞會，就是她的後媽沒有阻止，甚至支持她去，也是沒有用的，是誰決定她要去參加王子的舞會？

學生：她自己。

老師：所以，孩子們，就是灰姑娘沒有媽媽愛她，她的後媽不愛她，這也不能夠讓她不愛自己。就是因為她愛自己，她才可能去尋找自己希望得到的東西。如果你們當中有人覺得沒有人愛，或者像灰姑娘一樣有一個不愛她的後媽，你們要怎麼樣？

學生：要愛自己！

老師：對，沒有一個人可以阻止你愛自己，如果你覺得別人不夠愛你，你要加倍地愛自己；如果別人沒有給你機會，你應該加倍地給自己機會；如果你們真的愛自己，就會為自己找到自己需要的東西，沒有人可以阻止灰姑娘參加王子的舞會，沒有人可以阻止灰姑娘當上王后，除了她自己。對不對？

學生：是的！！！

老師：最後一個問題，這個故事有什麼不合理的地方？

學生：（過了好一會）午夜12點以後所有的東西都要變回原樣，可是，灰姑娘的水晶鞋沒有變回去。

老師：天哪，你們太棒了！你們看，就是偉大的作家也有出錯的時候，所以，出錯不是什麼可怕的事情。我擔保，如果你們當中誰將來要當作家，一定比這個作家更棒！你們相信嗎？

孩子們歡呼雀躍。

此為美國一所普通小學的一堂閱讀課。

你是幾歲的時候才想到這些層面？

那一年我十四歲，剛升上國中二年級，
而事情是這樣子的……

　　國二開學的第一天，一大早我心懷忐忑地先到學校的布告欄
看分班的「榜單」，很快地我在二年一班的名單裡，找到了自己
的名字，這一天我已經等很久了……。

　　升學班顧名思義就是以應試升學為唯一教育目的的班級。應
試教育（古稱舉業，現稱填鴨式教育）通常被視為一種以提升學
生應試能力為主要目的，且十分看重考試成績的教育，雖然為世
人所詬病，卻是那個時代的必要之惡。

　　俗話說，「家家有本難念的經」，按照字面來解釋就是，每
個人的家庭都會有些不足為外人道的問題，只是這個問題是大是
小罷了。

　　事實上不單是家庭，就是學校或社會也一樣。進了升學班
後，我發現這裡的氛圍雖然比放牛班好，但並不表示在這裡就能
「從此過著幸福快樂的日子」。

　　不多久，我就時不時地感受到班導師「關愛的眼神」。雖然
他從來沒有說，但是從別的同學那裡得到的訊息，他一向用這招
逼人課後去他家裡補習！

　　在台灣，補習班是應試教育裡很重要，甚至是最重要的一
環。簡單說來，它是一種校外的付費學習。

　　它們通常用來訓練學生加強某些特定科目，例如英文和數學
等，以應付某些特定的考試。

　　據研究，補習班在一些受到儒家思想薰陶的亞洲漢字文化
圈非常盛行，例如日本、台灣、香港、中國大陸、韓國和新加坡
等。

　　哇哩，原來補習文化還和儒家思想息息相關。

第三章
做人如果沒有夢想，那跟鹹魚有什麼分別

課後去老師家裡補習是當時的風氣。雖然以法令規定來看，學校老師在校外搞補習班是錯的。但是事實上，當所有的人都在做同一件錯的事情，而你不去做的話，那錯的就是你。如果想反抗，其後果請參照侯文詠的小說《危險心靈》。

　　然而，順著別人的意去做，從來就不是我解決問題的方式！

　　這下可好了，人家打架時，你不去……那就算了；人家打牌時，你也不去……那也算了，反正這都不是些什麼正經的事。但是，現在好不容易給你念升學班，那人家升學班的學生課後去老師家補習是天經地義、理所當然的事，你居然還敢不去，阿你是想要怎樣呢？

　　叛逆！這真是太叛逆了！

　　雖然我年少輕狂時曾做過無數叛逆的事，但是以下這一件我認為是最叛逆的，沒有之一。

1. 生氣不如爭氣

問有所忿懥一條。

先生曰：「忿懥幾件，人心怎能無得？只是不可有耳！凡人忿懥著了一分意思，便怒得過當，非廓然大公之體了。故有所忿懥，便不得其正也。如今於凡忿懥等件，只是個物來順應，不要著一分意思，便心體廓然大公，得其本體之正了。且如出外見人相鬥，其不是的，我心亦怒。然雖怒，卻此心廓然，不曾動些子氣。如今怒人，亦得如此，方才是正。」——《傳習錄》

有人向陽明先生請教「有所憤怒」的涵義。先生先生說：「諸如憤怒之類的不良情緒，人的心中怎麼可能沒有呢？只是不應該有罷了。一般人在動怒時，控制不住情緒，便會怒得過了度，就不是廓然大公的本體了。所以心有所憤怒，心就不能中正。如今對於憤怒之類的不良情緒，它們來了，不要過分加自己的主觀意識在上面，只是物來順應，心體自然能廓然大公，從而保持本體的中正平和。比如，在外面看到有人互毆，對於他們錯誤的地方，我心中也會動怒。不過雖然動怒，此心卻仍然冷靜淡定，不會失去理智。如今對別人生氣時，也必須如此行事，這樣才能保持心體中正。」

第三章
做人如果沒有夢想，那跟鹹魚有什麼分別

開學不久後的一個早晨，上課鈴響後國文老師一進教室，就宣布校刊要徵稿的事。然後再輕描淡寫地點了幾個同學的名字，要他們明天上課時交稿。

　　基本上，投稿校刊並不是什麼了不得的大事。老實說，這種近似於抓公差的活，本來也沒有我什麼事。可是，當我仔細一看，這幾個被老師點到名要投稿的同學，居然全部都是原來他們一年一班升上來的。

　　一種被歧視、被壓迫的「叛逆心理」，在我小小的心靈，油然而生！

　　什麼是叛逆心理呢？

　　就是你想要我幹的事，我偏偏就不幹，比如課後去老師家補習；還有你不想要我幹的事，我偏偏就幹了，比如校刊投稿。

　　這種心理，就叫叛逆心理。

　　我想說的是，如果今天只點了一、兩個人，而沒有點到我，那我就算了，現在點了五、六個人「居然」還沒有我？！

　　點了五、六個人都沒有我也就算了，這幾個被點到的同學居然還全都是他們原來一年一班升上來的？！

　　這不是不公，什麼才是不公？！

　　這又讓我想起前幾天，國文老師在課堂上向本班同學抱怨，說二班的班導師真是神通廣大，居然能把原來一年三班跟一年四班的前三名，通通網羅到他的班級（二年二班）裡！

　　表面上聽起來，他是在為本班（二年一班）抱不平，可是聽在我耳裡，這句話的潛臺詞變成：你們這些原來一年三班跟一年四班過來的，只是別人挑剩下來的「剩男」。

　　這不是歧視，什麼才是歧視？！

見過欺負人的，但是，沒見過這麼欺負人的。

這雙重不平衡，就像雙颱效應一樣，徹底掀翻了我心裡那張小桌子！

是可忍，孰不可忍；叔可忍，大姪子都不能忍！

但是，書生翻桌是歧途，書生翻書才是正途。

為了不讓自己誤入歧途，我決定化生氣為爭氣——自行投稿。

這麼做不是為了證明我有多行，我只是想讓老師知道，你不一定都是對的！

2. 一念天堂，一念地獄

善念發而知之，而充之；惡念發而知之，而遏之。知與充與遏者，志也，天聰明也。聖人只有此，學者當存此。——《傳習錄》

好的念頭萌發時，要先認識它並擴充它；不好的念頭萌發時，也要認識它並加以遏止。這種知道擴充善念、遏止惡念的能力，叫作意志，是上天賦予人的獨一無二的智慧和能力。聖人就是靠著意志，不斷地修身養性，才成為聖人的，而普通人要提升自己，也應當存養這種意志。

第三章
做人如果沒有夢想，那跟鹹魚有什麼分別

古人說：從善如登，從惡如崩。意思是說，順著自己的善念去行動，就像登山那樣困難；而順著自己的惡念去行動就像山崩一樣容易。

所以，當你的善念萌發時，要及時發現，並將其放大，最終成為善行；當惡念萌發時，更要及時察覺，儘早將其遏止，這就是聖人修身之道。

根據司馬遷的史記記載，秦始皇的豪華車隊出巡時，劉邦看到了羨慕地說：「是個男人就該像這樣子。」（大丈夫，當若是也。）而項羽卻豪氣干雲地說：「我要把他干掉當肥料。」（彼可取而代之。）

這說明了即使在相同的刺激下，每個人的良知也可能產生截然不同的反應。

所以，同一個投稿事件，每個在座的同學也可能都有不同的想法。

根據「心外無事」的理論，那些本來事不關己的同學，可能因為被點到名字，只好心不甘情不願地勉強寫就。

而那些本來有意嘗試一下的同學，可能因為沒有被老師點到名字，所以就不好意思「毛遂自薦」站出來了。

但更特別的是，少數本來沒有把「投搞」這件小事放在心上的人，可能因為沒有被老師點到名字，而感到被無視，於是就拍桌而起，比如說我。（當然我拍的是自己心裡的那張小桌子）

3. 哪裡有壓迫，哪裡就有反抗

「志不立天下無可成之事」——《教條示龍場諸生》

不立定志向，天下就沒有做得成的事。

一個人想要做一件事情，一定要有動機，這個動機越強烈，事情成功的機率也就越大。

在這世上有些人能力求上進，並不是因為受到了關愛的眼神，而是因為受到了無視的刺激。所謂「物不得其平則鳴」，所有負面情緒都是人潛力的催化劑，所以孫子才說：「慍可也。」當然你還得知道，更重要的是後面那一句「慍而致戰其弊也」。

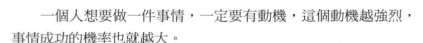

To be or not to be, this is a question. 生存還是毀滅是莎士比亞的問題；而要隨波逐流、向下沉淪，還是要勇敢地站出來爭一口氣，則成了我的問題。

一般人的憤怒是生氣，而我的憤怒則是爭氣。一個是把自己的心變成奴隸，一個則是把自己的心變成士子。

「志」：是會意字，上面是「士」，下面是「心」。當你把自己的心變成士子，就是立志，這是陽明先生最重視的一條成聖法則。

第三章
做人如果沒有夢想，那跟鹹魚有什麼分別

在陽明先生看來，要想達到聖人之道，最關鍵的就是要先有一顆一定要成為聖人的心。只要你立定這個志向，自然就能找到那條通往彼岸之道。

何謂立志？在你起心動念處求！

你要做事時，你的意念一發動，如果良知說是，你就還他是，如果良知說非，你就還他非，就這麼簡單。

只是人有雜念、有欲望，而用人欲來判斷，你肯定不能得出正確的決策，即使能僥倖成功也只是一時的成功。

北宋五子之首周敦頤：「文所以載道也。」事實上，文不僅可以載道，還代表著傳統「士」的精神。

可以想像，如果我當時拍著桌子站起來向老師抗議，或者回家向家長抱怨老師偏私，讓大人再參和進來，那麼後來的一切既便能夠收拾，也肯定無法善了。更何況，拍著桌子向老師叫囂怎麼看都像小流氓鬧事，而「以文進取」則像是一個「士」在爭取自己的尊嚴。

而根據馬斯洛的「基本需求層次理論」，人在獲得安全需求的滿足和集體歸屬感以後，必然開始追求尊嚴及自我價值的實現。

危機是危險也是轉機

電影《阿甘正傳》中的阿甘因為小時侯得了小兒麻痺，所以一直箍著腿撐。但是他身殘志堅，加上體質恢復得很好，後來不僅不用箍著腿撐，而且還具備了超強的奔跑能力，環美跑了一圈。

我一直記得電影裡的那一幕——小阿甘為了逃離一群騎著自行車的小霸王的追趕，箍著腿撐的小阿甘居然跑了起來。而當小阿甘奮力奔跑時，腿上的腳撐也伴隨著那份勇敢而蹦開了。

如果不是遇到那群惡霸，阿甘就算不是一輩子都箍著腿撐，也可能一輩子都不知道原來自己那麼會跑！

而如果當初不是為了爭（ㄅㄨˇ）一口氣，我就不會硬著頭皮去投稿校刊，也就可能一輩子都不知道原來自己那麼能寫！

在這裡我想說的是，雖然我們常說：「機會是留給有準備的人」，但事實上「**機會只留給敢出手的人**」。

所有的成功都來自於行動，只有行動才能改變你的人生。

所以，縱然沒有實力，但是當危機像「天將降大任於斯人也」那樣地來臨時，也要有勇氣展示你自己，因為「敢於展示」本身就是一種（軟）實力。

一生有萬念，而足定平生善惡者，數念而已（《一生之數》）

人的一生看似漫長，但是能改變你一生的，往往只有寥寥數念。

改變自己其實只在「一念」之間，因為「一念發動即為行」。

只要你肯解放那道禁錮你心靈（潛能）的枷鎖（致良知），在合適的時機，以合適的方式，去爭取合適的命運，就可以去成就「最好的自己」，這就是陽明先生要告訴我們的「知行合一」。

「知行合一」並不是大家常在說的「知道了就去做」，最起碼不是那麼膚淺的。而是要人依循「良知」去做事，用英文來說

就是「Do the right thing right.」，也就是要「用對的方法做對的事」。為什麼依「良知」做事，就是要「用對的方法做對的事」呢？良知往細了說就是良心和智慧。良心會告訴你什麼該做，什麼不該做，而智慧會讓你知道，怎麼做比較好，怎麼做比較不好。最後你自然會「用對的方法去做對的事」，這才是陽明先生所說的「知行合一」。

投稿校刊這件小事的意義，對於其他同學的人生而言，幾乎可以忽略不計。然而就是這樣一件微不足道的小事，卻讓我迎來了一生中最重要的轉機！

4. 聖人之道，吾性自足，不假外求

愛問：「至善只求諸心，恐於天下事理有不能盡。」

先生曰：「心即理也。天下又有心外之事、心外之理乎？」

愛曰：「如事父之孝、事君之忠、交友之信、治民之仁，其間有許多理在，恐亦不可不察。」

先生嘆曰：「此說之蔽久矣，豈一語所能悟！今姑就所問者言之。且如事父不成，去父上求個孝的理；事君不成，去君上求個忠的理；交友、治民不成，去友上、民上求個信與仁的理，都只在此心。心即理也，此心無私欲之蔽，即是天理，不須外面添一分。以此純乎天理之心，發

之事父便是孝，發之事君便是忠，發之交友、治民便是信與仁。只在此心去人欲、存天理上用功便是。」

愛曰：「聞先生如此說，愛已覺有省悟處。但舊說纏於胸中，尚有未脫然者。如事父一事，其間溫清定省之類，有許多節目，不亦須講求否？」

先生曰：「如何不講求？只是有個頭腦。只是就此心去人欲、存天理上講求。就如講求冬溫，也只是要盡此心之孝，恐怕有一毫人欲間雜；講求夏清，也只是要盡此心之孝，恐怕有一毫人欲間雜，只是講求得此心。此心若無人欲，純是天理，是個誠於孝親的心，冬時自然思量父母的寒，便自要去求個溫的道理。夏時自然思量父母的熱，便自要去求個清的道理。這都是那誠孝的心發出來的條件。卻是須有這誠孝的心，然後有這條件發出來。」——《傳習錄》

徐愛問：「如果只在心中尋求至善，恐怕不能窮盡天下所有事物的道理吧？」

先生說：「心即是理。天下難道還有心外之事、心外之理嗎？」

徐愛說：「譬如說侍奉父親的孝、輔佐君主的忠、結交朋友的信、治理百姓的仁，這其中都有許多的道理，恐怕不能不去仔細研究吧。」

先生感慨地說：「這種說法蒙蔽世人很久了，豈是一句話就能說得清楚呢？現在姑且就你所問的來探討一下。就像侍奉父親，不是從父親身上求得孝的道理；輔佐君王，不是從君王身上求得忠的道理；結交朋友、治理百

第三章
做人如果沒有夢想，那跟鹹魚有什麼分別

姓，不是從朋友身上、百姓身上求得信和仁的道理。這些道理都在人的心中，人心就是天理。沒有被私欲蒙蔽的心，就是天理。此心不需要從外面增添一分。將這種純是天理的心，用在侍奉父親上就自然表現為孝，用在輔佐君王上就自然表現為忠，用在結交朋友、治理百姓上就自然表現為信和仁。只要在自己的心上下功夫，摒除私心、存養天理就好了。」

徐愛說：「聽先生這麼一說，我好像有所覺悟了。但是以前的那套學說（朱熹理學）仍然在心中糾纏，我還不能完全擺脫。比如侍奉父親，那些冬暖夏涼、早晚問安等細節，不也需要講求的嗎？」

先生說：「怎麼能不講求呢？只是要有個主次之分，在摒棄心中私欲、存養天理的基礎上去講求。像冬天保暖，也只是要盡自己的孝心，唯恐有絲毫人欲夾雜在裡面；夏天納涼，也只要盡自己的孝心，唯恐有絲毫人欲夾雜在裡面。都只是講求這份心，這份心如果沒有任何人欲，純屬天理，冬天自然會考慮父母的寒冷，於是就會尋求保暖的道理；夏天自然會考慮到父母的炎熱，於是就會尋求清涼的道理。這些具體的道理都是那顆虔誠孝敬的心發出來的具體的事。只有先有這顆虔誠孝順的心，然後才能產生具體的事。」

　　要了解心學第一法則「心即是理」，就必須先了解陽明心學與朱熹理學對「格物致知」詮釋的區別。

　　「格物致知」是古典儒家中的一個重要概念，乃儒家專門研

究事物道理的一個理論，源於《禮記・大學》：「欲誠其意者，先致其知；致知在格物。物格而後知至，知至而後意誠」此段。但《大學》文中只有此段提及「格物致知」，卻未在其後作出任何解釋，也未有任何先秦古籍使用過「格物」與「致知」這兩個詞彙而可供參照意涵，遂使「格物致知」的真正意義成為儒學的難解之謎。

其實歷來有不少大儒對「格物致知」做出過解釋。

而按朱熹的說法：「格」是探究的意思，「物」是萬事萬物。「致」是獲得的意思，「知」是知識。**「格物致知」是：「推究事物的原理，從而獲得知識。」**

但是，陽明先生說不對，「格物致知」不是那個意思。

「格物」的「格」如同孟子的「大人格君心」中的「格」，是去掉心中的不正之處，保持良知的天然純正。

而「致」是實現的意思，「知」則是良知。

陽明先生的「格物致知」用大白話說就是：正念頭而實現良知。

假如你明天要投稿，但是你卻對寫作一知半解，你會做些什麼？

再假如離你參加校運會的百十高欄決賽只剩一分鐘，而你對跨欄根本就一竅不通的話，你會做些什麼呢？

又假如你目不識丁，卻想長大後要成為一個作家，你又會做些什麼？

這些道理，我們都能在心中求嗎？

陽明先生的妹夫，也是他最得意的弟子徐愛，也曾對陽明先生的「心即是理」產生同樣的疑問。而這段對話，正是說明朱熹和陽明先生對「格物致知」大相徑庭的最佳詮釋。

第三章
做人如果沒有夢想，那跟鹹魚有什麼分別

徐愛以孝順父母等儒家所重視的倫理道德為例，引用朱熹的說法，認為孝順父母是件複雜的活，你必須要努力去探究學習孝順父母的各種知識、方法，最後再得出一套理論，然後才開始孝順父母。

　　事實上，陽明先生能有劍破長空的「龍場悟道」，起因於他對朱熹式「格物致知」的懷疑（可再參照第八章所述「陽明格竹」的事跡）。「龍場悟道」實際上是陽明先生對朱熹式「格物致知」的破而後立，並由此捕獲了「心即是理」的心學法則。

　　陽明先生認為，只要在孝順父母這件事上端正好態度（正念頭），良知自然會指引你去如何孝順父母，而良知在自己心中，所以你只需要在心上用功就是了，不必向外學習。

　　你只需要專注你的良知，不要讓它被私欲遮蔽，那麼天下所有的道理都會在你行動時出現，你還要到外面去尋求什麼呢？

　　對「格物致知」大相徑庭的詮釋，則是陽明心學和朱熹理學最大的區別。

　　好吧，雙方的說法各有千秋，幾百年來誰也壓不下誰，了解他們的區別對我們又有什麼好處呢？

　　說真的，陽明先生的「格物致知」有個天大的好處：既然天理在我心，那我就不必再去心外尋求天理，而是直接去實踐以求驗證。

　　如此一來，我們就可以節省很多時間，這樣你才能有足夠的時間去實現你的理想。

　　要不，按照朱熹的思維，想要投稿則必須要先努力去探究、學習寫作的各種知識、技巧，最後再得出一套理論，然後才開始提筆寫作。

　　既然如此，為什麼不乖乖回去努力學習寫作技巧，順便再下

點功夫跟老師混個臉熟，明年再來？為什麼非得一定要明天呢？

張愛玲說，成名要趁早，否則就不夠痛快！！

一年太久，只爭朝夕。（以上正念頭完畢）

生活不是等著暴風雨過去，而是要學會在風雨中翩然起舞

就像「獅吼功還有一招大喇叭」，其實「心外無理」也還有另外一項密技，這項密技是什麼呢？其實就是「在心上用功」（用心）。只要你能找到「想把一件事情做好的意識」（用心），就能找到「把這件事情做好的道理」，然後就照著這個道理去做就是了，這個意識（用心），不需要去心外尋求。

就像周星馳在《食神》裡所說的：「其實，這個世上根本就沒有食神！或者說人人都可以是食神。老爸老媽，大哥小妹，男孩女孩，只要用心，人人都可以是食神。」

所以，假如你目不識丁卻想要成為一個作家，那就努力學習、天天向上，讀萬卷書、行萬里路，十幾、二十年後，你就有可能成為一名作家。

那假如你明天要投稿，但是卻對寫作一知半解，你的良知就會告訴你：趕快去買一本作文範本回來抄吧。

第三章
做人如果沒有夢想，那跟鹹魚有什麼分別

5. 你只要去分享，那些看得懂的人，自然就是與你有故事的人

> 先生游南鎮。一友指岩中花樹問曰：「天下無心外之物，如此花樹，在深山中自開自落，於我心亦何相關？」
> 先生曰：「你未看此花時，此花與汝心同歸於寂。你來看此花時，則此花顏色一時明白起來，便知此花不在你的心外。」──《傳習錄》
>
> 陽明先生和一位友人游南鎮，友人指著岩中的花樹問說：「先生說天下無心外之物，但是這花樹在深山之中自開自落，與我的心又有什麼關係呢？」先生回答說：「你沒有見到這些花的時候，它們與你的心同處於寂靜的狀態。而當你來到這裡看到這些花的時候，花的顏色一下明亮起來，由此可見這花並不在你的心外。」

「心外無理，心外無物」，是陽明心學的核心思想。

然而多年來，陽明先生之所以被當作主觀唯心主義的代表而被批判，也恰恰是因為這句話。陽明先生被指為主觀唯心主義的重要證據之一，就是上述的這個故事《岩中花樹》。

陽明先生認為，世上無心外之物，無心外之理，我心即是「理」，即是「天」，即是「道」。也就是說，我們本體的感覺、意識，追溯到其根源處，是與天地萬事萬物本為一體的，不可能有離開我心而存在的事物。**這種說法，對於沒有經歷過類似情境的人來說，其實不容易理解。**正如這個故事卻被很多人當作指稱陽明心學是唯心論的鐵證。然而你若真的能體會陽明語意所重，仍只在「看」與「未看」上，仍只在心與物的感應上。──
《錢穆：王學大綱七條之七、事上磨煉》

「東方乍現魚肚白」

　　即使事隔多年，我依然記得初見這個句子時，所帶給我小小心靈的巨大震撼。

　　一般而言，你會如何形容破曉呢？

　　在小學階段，我可能會這麼寫：天亮了，太陽出來了。

　　在中學階段，我可能會這麼寫：天濛濛亮，太陽從東方冉冉升起。

　　而初見這個句子時，我彷彿能夠親身感受到作者所描述的景象躍然於紙上，體會到什麼是「詩的境界」的那種驚喜與感動，然後恍然大悟：「原來作文是要這麼寫的啊！」

　　為什麼我以前不會麼這寫呢？

　　因為以前我沒有看過這樣的文章、這樣的句子，所以我心中的天理顯現不出來，而現在我看到了，我心中的天理就自然顯現了。

第三章
做人如果沒有夢想，那跟鹹魚有什麼分別

心必須緣到外物，其作用才能顯現出來

「只待聞與見，此心與外物便同時分明」（——《錢穆：王學大綱七條之七、事上磨煉》）

這就像陽明先生所說的：「天沒有我的靈明，誰去仰他高；地沒有我的靈明，誰去俯他深；鬼神沒有我的靈明，誰去辨他吉凶災祥？天地、鬼神、萬物離卻我的靈明，便沒有天地、鬼神、萬物了。我的靈明離開天地、鬼神、萬物，亦沒有我的靈明。」——《傳習錄》

說真的，即使是「一見鍾情」，也得要先有那「一見」才行啊！

「岩中花樹」的問答，粗看好似近代西洋哲學中的那些極端的唯心論；但我們若細玩陽明講學宗旨，從另一看法來解釋，似乎陽明語意所重，仍只在「看」與「未看」上，仍只在心與物的感應上。**舍卻你的一看，非但不見有花樹，也何從見有你此心？**

只因此一看，便見此心和岩中花樹同時分明；若無此一看，則此花與心同歸於寂，何嘗是說舍卻視聽聲色事物感應獨自存在了這一個心？

這樣說來，既不偏在心，也不偏在物，他在心、物之間特別指點出一個「感應」來，這是王學超過朱、陸之處。（——《錢穆：王學大綱七條之七、事上磨煉》）

舉個例子，是我看過的一則報導：曾經的天才童星小彬彬為了教他的兒子小小彬演戲，所以就放他自己小時候主演的電影、連續劇的錄像給小小彬看，看著看著有一天小小彬突然說：**那個就是我嘛……**，然後他就開竅了……。

不明白的人會以為這是小孩子說的童言童語，明白的人則知

道這就是陽明先生所要告訴我們心緣於物的「感應」。

　　所以，如果你不相信「感應」的話，那你肯定也不相信「一見鍾情」。

6. 一生破萬卷，而足使平生明道者，數卷而已（《一生之數》）

> 　　「良知只是個是非之心，是非只是個好惡。只好惡就盡了是非，只是非就盡了萬事萬變。」——《傳習錄》
>
> 　　「良知只是個能明辨別是非之心，而是非只是好惡。知道好惡就已經窮盡了是非，懂得是非就已經窮盡了萬事萬物的變化。」

　　我這輩子讀過的書有很多，但是真要說到讓我有「茅塞頓開」之感的，恐怕要首推這本作文範本了。

　　這本書原本安安靜靜地躺在書局的書架上，與我並沒有任何的關係。可是我偶然地在書局裡看到了它，並偶然地把它買了回家，在佛家而言，這就叫作「緣法」。用陽明心學的語境來講，這就是所謂的「感應」。

　　那麼，為什麼是「它」呢？

第三章
做人如果沒有夢想，那跟鹹魚有什麼分別

說真的，誰的錢也不白來，我也不是隨便亂花、隨便亂買的。主要是作者滿滿的誠意，和書裡超水平的文章打動了我的「良知」，依良知的指引我就掏錢把它買了回家，這就是「知行合一」。

　　那本作文範本的作者是一個中學的國文老師，根據作者自序裡的說法，一般的作文範本都是由老師精選學生們的優秀作品再編輯而成的，而這本作文範本裡的文章，都是他自己一個字一個字爬出來的。光這個誠意就贏過別本書太多了，何況裡面文章的水準還秒殺了其它的作文範本（老師vs.學生，職業vs.業餘）。

　　當然，我不會笨到作文範本買回來就直接抄。

　　以圍棋棋力來做比喻，如果老師是職業九段的話，那我只能算是業餘初級的，這差距我心裡有數。

　　但是，級別低不等於志向低，更不等於智商低。

　　為了避免被老師逮到，改寫是必須的。

　　這不是說，改幾個字，或換幾個詞就好，而是要讓整篇文章看起來都像是我自己寫的。那就要經過融會貫通後，再用自己的話表達出來。

　　想明白後，我打開稿紙開始動筆，於是合我心的字句留下，不合我心的字句修改，修改不了的則直接刪除，自己重新寫過。

　　那為什麼這一句要留著，那一句要修改，另一句則要刪掉呢？

　　一切只憑「直覺」！

　　「直覺」很清楚地告訴我喜歡這個字句，而不是那個字句；想用這種語氣，而不是那種語氣。

　　那什麼是「直覺」呢？

　　那是你與生俱來的「良知」。

　　陽明先生說：「良知只是個是非之心，是非只是個好惡。」

盡了好惡，也就盡了是非之心；盡了是非之心，也就盡了良知。我們能從陽明先生的這段話裡導出這樣一個公式：良知＝是非之心＝好惡。所以，**你只需要把重點放在「好惡」上即可。**

7. 好好色，惡惡臭

> 聖賢教人知行，正是要復那本體。不是著你只恁的便罷。故《大學》指個真知行與人看，說「如好好色，如惡惡臭」。見好色屬知，好好色屬行。只見那好色時，已自好了。不是見了後又立個心去好。聞惡臭屬知，惡惡臭屬行。只聞那惡臭時，已自惡了。不是聞了後別立個心去惡。如鼻塞人雖見惡臭在前，鼻中不曾聞得，便亦不甚惡，亦只是不曾知臭。——《傳習錄》

> 聖賢教人知行，正是要恢復知行的本體，並不只是簡單告訴人怎麼去知、去行就了事了。所以《大學》給出了一個真知、真行的例子，「如好好色，如惡惡臭」來啟發世人。見到美色屬於知，喜歡美色則是行，一見到美色便情不自禁地喜歡上了，並不是看到美色後又起個念頭去喜歡；聞到惡臭屬於知，討厭惡臭便是行，一聞到惡臭便忍不住地討厭上了，並不是聞到惡臭後又去起個念頭去討厭。就像一個鼻塞的人雖然看到惡臭的東西在面前，但是因為鼻子聞不到惡臭的味道，便不會十分討厭它，這只是因為沒有被它的臭味噁心到而已。

第三章
做人如果沒有夢想，那跟鹹魚有什麼分別

那麼陽明先生又是如何解釋「好惡」的呢？

「如好好色，如惡惡臭」。就像喜歡美色，就像討厭惡臭。喜歡美色就是行，只要一見到美色便情不自禁地喜歡上了，並不是看到美色後又起個念頭去喜歡；聞到惡臭屬於知，討厭惡臭便是行，只要一聞到惡臭便情不自禁地討厭上了，並不是聞到惡臭後又起個念頭去討厭。

這是本能的直覺，也就是良知。只要你有良知，你就不可能要先聞一聞然後再思考一下，才會討厭臭狗屎的味道（除非鼻塞）。

「用別人的文氣，來培養自己的文氣」

那時國文老師教我們寫作時，常念這句口訣。

我常在想，只有一句玄之又玄的口訣又沒有祕笈，那是要別人怎麼練呢？

那一晚我終於非常明白這句口訣的含義。

所以我常說，**你只要去閱讀，那些會和你產生「感應」的文字，自然就是與你有故事的文字。而當你把這些跟你有故事的文字，都融匯貫通、內化之後，你就會變成一個「有故事的人」。**

前陣子我媽在看連續劇《擇天記》，所以我也不小心看了一點點……。陳長生是如何解決妖族血脈問題的呢？──讓他們「做自己」（而不是像原來那樣模仿人族）。

如果你要在生活中扮演一個人，你覺得演誰最像？

「那肯定是演自己最像。」

「可是，我一直都是在演我自己阿！」

「或許是，但那肯定還不是『最好的你』。」

首先你要先去了解你自己，然後找出自己的特質，接著再不斷地、全力去強化它。

即使在這個過程中你去模仿別人，也只是為了要強化你自己的這些特質，而不是為了要變成別人，那不容易，也沒有意義。

8. 一生存萬端，而足決平生成敗者，數端而已（《一生之數》）

「事天」，雖與天為二，已自見得個天在面前；「俟命」，便是未曾見面，在此等候相似。此便是初學立心之始，有個困勉的意在。今卻倒做了，所以使學者無下手處。——《傳習錄》

「事天」，就是事奉、效法天道，雖然認識到自己與天道是兩回事，但是心中已知道有天道的存在了；「俟命」就是還不曾看見天道，只能在這裡等待。這就是初學的人在開始確立目標時，在困境中自勉的意思。而今卻被朱熹把先後順序搞顛倒了，所以讓初學的人感到無從下手。

第三章
做人如果沒有夢想，那跟鹹魚有什麼分別

當時國文老師常在課堂上提起一個詞叫作「**原闖性**」，這個詞其實很容易理解。

原：是會意字，表示水從石頭下流出。有原始的、與生俱來的意思。

闖：也是會意字，表示馬從門中猛然沖出。有開關、歷鍊的意思。

「原闖性」可以理解成：一個人與生俱來的，想要出去闖蕩歷鍊的本性。

因為太容易理解，所以我一直以為這只是個common sense（常識）。

但是此後不但沒有再聽到有人提起過，一直到前幾年，在網上你打「原闖性」這三個字，只能跑出一堆「原創性」的搜尋結果。

事實上，「原闖性」對每個人來說都非常重要。人要努力保有自己的「原闖性」，如此才能擁有進進不已的動力和意志，以及自強不息的信心和勇氣。

那些能夠通過自己的努力來改變自己命運的人，是對未來充滿希望、對人生充滿夢想的人。只要心中保持著「原闖性」，人就會千方百計地在看似山窮水盡的人生道路上，走出自己的柳暗花明來。

不是你的能力決定了你的命運，而是你的決定改變了你的命運——巴菲特

「事天」和「俟命」都是人生境界的重要轉捩點。用大白話來講：

「俟命」就是雖然你不了解你自己，但是你知道「你的夢想總在某個地方」。這也是生命中最難的階段。

　　「事天」，就是你開始了解你自己，「雖然不知道未來將去何方，但你知道自己已經在路上」。

　　人的一生中總有一個，最少一個重要的轉捩點。這個轉捩點，不是指你得到什麼奇遇或遇到什麼貴人，而是指你在思想上的重大突破和飛躍。

　　對於一個人來說，思想的攀援以及內心力量的覺醒，是其能化鯤為鵬的關鍵所在。思想的飛躍騰空，往往有石破天驚的震撼。

　　問題是，什麼是你人生中真正關鍵的時刻，你當下往往並不知道。

　　現在，我在這裡回首我的人生，才發現我生命中最重要的時刻，不是考上台南一中時，也不是考上政治大學時。而是在那樣一個平凡的秋天，那樣一個寂寥的夜晚，**當我拿起那本作文範本，改寫了那篇文章的同時，也改寫了我的人生。**

第三章
做人如果沒有夢想，那跟鹹魚有什麼分別

9. 如果在午夜12點的時候，灰姑娘沒有及時跳上她的南瓜馬車，你們想一想，可能會出現什麼情況？

> 素其位而行，不願乎其外，素夷狄行乎夷狄，素患難行乎患難，無入而不自得。——《傳習錄》
>
> 安於現在的本分而行事，不做超出自己本分的事，身處荒蠻之地便做身處荒蠻之地該做的事，身處患難之時便做身處患難之時該做的事，無論在何種情況下都能怡然自得。

不在沉默中爆發，就在沉默中「睡著」

上一章說過「素其位而行」並不只是忍耐。而是要在忍耐中等待機會。只要機會一來臨，就要毫不猶豫地及時奮力一搏，提升自己的境界、把自己送上更高的地位，然後繼續素其位而行，繼續忍耐、繼續等待。

「青春期」乃是人格養成最重要的時期，你人生中所有重要的一切都會在這裡被決定……而等到十幾、二十年後的某個午夜

夢迴，當你發現過了大半輩子的人生居然不是你所想要的……，而一切可能都是因為那一天、那一晚，你沒有為了自己，勇敢地站出來！

有時我會想，假如那一天我沒有站出來，我有可能在別的地方，別的時間，因為別的事情站出來嗎？

假如我在別的地方、別的時間，因為別的事情站出來，那形勢的發展和產生的影響會是一樣的嗎？

孔子在川上曰：「逝者如斯夫，不舍晝夜。」

時間和機遇從不等人。可惜這世上大多數的人總在「再等看看」、「下一次吧」……，中不斷地蹉跎光陰、浪費機會。

雖然忍耐與等待，這兩個詞貫穿了我國一的放牛生涯，但是，只會忍耐與等待是不夠的。

聖人之所以成為聖人，是因為他們既不逆勢而為，也不錯過時機。該等的時候等，該上的時候上。夫唯不爭，故天下莫能與之爭。

所以說，雖然命運天註定，但是如果再靠後天的努力奮鬥，人生將不是命運所能侷限。

第三章
做人如果沒有夢想，那跟鹹魚有什麼分別

10. 如果我是灰姑娘的後媽，
我也會阻止她去參加王子的舞會

> 　　一友常易動氣責人，先生警之曰：「學須反己。若徒責人，只見得人不是，不見自己非。若能反己，方見自己有許多未盡處，奚暇責人？」——《傳習錄》
>
> 　　有個朋友容易生氣而指責他人，陽明先生警告他說：「做學問應該反省自己。如果只會一味指責別人，就只會看見別人的不是，而看不到自己也有不好的地方。如果能反過來要求自己，就會發現自己還有許多應改盡的地方，那還有空去指責別人呢？」

因為你自己這樣想，
所以你以為別人也是那樣想

　　一個人在評價別人時，其實是在照鏡子。

　　如果你是好人，鏡子裡的你自然就是好人；如果你是壞人，鏡子裡的你自然就是個壞人。

　　就像一個心中有佛的人，看別人就像是佛；而一個心中有大便的人，看別人就像是大便。

而一般人在遭受挫折或失敗的時候，會習慣地把相關的責任推給別人，從來不想想自己該負起什麼樣的責任，這叫「受害者心理」。這是「魯蛇」對待不公的態度，不是我對待不公的態度。

　　平心而論，老師選用「自己人」其實合情又合理。

　　一方面，老師對自己原來的學生知根知底，比較可靠，正所謂「知己知彼，百戰不殆」；另一方面優先給「自己人」機會乃「人之常情」，若硬是要避嫌則純屬矯情。

　　而且，人生一切所謂的苦難，都是比較而言。所以，別以為國文老師專權偏私，跟某些老師相比，他已經不知好多少倍了。

　　在那個「天、地、君、親、師」的年代，校園守則基本上就只有兩條：

　　第一條，老師永遠是對的；

　　第二條，萬一老師錯了，請參照第一條。

　　要是不想遵照基本守則，無論是據理力爭或是消極抵抗，那都是異想天開、徒勞無功的。

　　所以，當你無法改變外在的環境時，最好的辦法就是改變自己的心態，把負面情緒轉為正面激勵，變生氣為爭氣。

　　這就是「溫拿」的思維模式和做人態度，也是陽明先生要教給我們的：永不抱怨別人，時時反省自己。

第三章
做人如果沒有夢想，那跟鹹魚有什麼分別

11. 如果灰姑娘因為後媽不願意她參加舞會就放棄了機會,她可能成為王子的新娘嗎?不會!

> 問:「上智下愚,如何不可移?」
>
> 先生曰:「不是不可移,只是不肯移。」——《傳習錄》
>
> 薛侃問:「聰明的人和愚笨的人,他們的性情為什麼不能改變呢?」
>
> 先生說:「不是不能改變,只是他們自己不肯改變罷了。」

「起」:人生的每一次提升,
都是自「已」「走」出來的。

所謂困獸猶鬥,事到臨頭時誰都會奮力一搏,但是主動出擊則需要不屈的意志和勇氣。

這種堅強的意志和勇氣只能來自於良知。一時的意氣和激情,只是一個引爆點。因為憤怒和激情雖然是力量的來源,但是

這種力量就像腎上腺素一樣，來得快，去得更快。

人生很多時候是命中註定，但更多時候是自己決定

態度決定一切，在《高效能人士的七個習慣》裡，史蒂芬·柯維也把「積極主動」放在了七個習慣之首。「**員工分為三種：自燃物、易燃物、不燃物。**「自燃物」不用點，自己會燃燒，代表主動學習。「易燃物」就是旁邊有火，他就會燃燒起來，就是周遭有學習的氛圍，他就會跟著學習；再有就是「**不燃物」，你再怎麼燃燒，他都不會燃。**

子曰：「生而知之者，上也；學而知之者，次也；困而學之，又其次也；困而不學，民斯為下矣。」

孔子認為學習的人有四種層次：「生來就知道的是最上等的；通過學習才知道的是次一等的；遇到困難才學習的又是次一等的；遇到困難仍然不學習的人是最下等的了！」

這最下等，遇到困難還不學習的人，就是「不燃物」。

困而不學的人，不是沒有能力學習，而是自己不願意學習。

每個老師都會要學生，把「要我學」轉變成「我要學」，因為前者是依賴、被動，後者則是自覺、主動。但是事實上，老師說得再多，你左耳進右耳出，或是三天打魚兩天曬網式的努力，都是白費功夫。

只有等到有一天，你自己真正「覺悟」了，那時你才真的成長了。

什麼是「覺悟」呢？

名作家林清玄：覺悟就是「學習看見自己的心」（《30歲後

始覺悟》）

「覺」這個字是會意字，拆開來上面是學下面是見，合起來就是「學習看見」，「悟」這個字也是會意字，拆開來右邊是吾，左邊是心，合起來就是「我的心」。所謂「覺悟」其實就是「學習看見自己的心」。

沒有人可以真正地瞭解別人，只有自己才能真正地瞭解自己。

所以，只有你才能做自己的貴人。陽明先生說，良知是你自己知道而別人不知道。所以致良知，只能靠你自己，世上所有偉大人物，都是自己成就的自己，別人無法成就你。

12. 如果你們當中有人覺得沒有人愛，或者像灰姑娘一樣有一個不愛她的後媽，你們要怎麼樣？要愛自己！

人須有為己之心，方能克己；能克己，方能成己。
——《傳習錄》

人必須有為自己著想的心才能克服自己的私欲，能夠克服自己的私欲，才能成就最好的自己。

「沒有一個人可以阻止你愛自己，如果你覺得別人不夠愛你，你要加倍地愛自己；如果別人沒有給你機會，你應該加倍地給自己機會；如果你真的愛自己，就會為自己找到自己需要的東西來成就自己。」

「青春期」乃人格養成最重要的時期，你人生中所有重要的一切都會在這裡被決定⋯⋯十幾二十年後某個午夜夢迴你發現過了大半輩子的人生居然不是你想要的⋯⋯

如果我因為老師沒有給我機會而就此閉嘴，那麼我可能真的就是一個天生的魯肉腳，或許從此以後也只能一生碌碌無為，等到有一天垂垂老矣的時候，回首往事因為老師沒有對自己投以關愛的眼神，而失去了改變自己命運的機會，恐怕往事也只是不堪回首。

每個人心中都有一團火，但是路過的人只看到煙——梵谷

路過的人都有誰呢？路人甲、乙、丙⋯⋯就不用說了，還可能包括你的老師、同學及父母⋯⋯！

所以，當你發現自己的興趣是什麼，天賦在那裡時，要勇敢地站出來，並且努力堅持下去。

「適才揚性」只有你自己可以幫到自己，別人幫不了你！

事實上，在我們人生的重大轉捩點，往往不是因為有人給了你一個機會，而是你給了你自己一個機會；不是因為有人給了你一條路走，而是你給了你自己一條路走。

儒家的聖人說，一個人如果良知光明（明明德），那他肯定會明白天道，然後去愛人（親民）。

所以，要愛自己就需要先去了解自己，「學習看見自己的心」（明明德），你就能掌握自己的內心世界，從而去了解你自己，也就能夠去愛自己。而能夠愛自己的人，才會有能力去愛別人（親民）。

13. 意志力就像人魚線，肯練就會有

> 日間工夫，覺紛擾則靜坐，覺懶看書則且看書，是亦因病而藥。——《傳習錄》
>
> 白天做功夫，如果覺得紛雜煩擾，就靜坐，如果覺得精神懶散，不想看書，則偏要去看書，這就是對症下藥。

這是陽明先生在回答學生陸澄問立志之道時所說的話。

先生認為，立志的重點，在於能有一種堅定的意志，來自律自制、自我要求。

蕭伯納說：自我控制是最強者的本能！

但是，在這裡我想要說明的是，所謂意志力並不是強迫自己去做良知上並不願意做的事情，而是當自己打從心底想做一件事情時，即使全世界都反對，也不能阻止你的那種「雖千萬人吾往矣」的心志和勇氣。

也就是說，「硬著頭皮進取」是要在自己喜歡的領域裡才有可能成功，也才有意義。

請你沉思十秒鐘，回頭看看自己，你是否還記得第一次「為自己而戰」時的心情？

隔天一早，一上課國文老師先要昨天被點名的同學把稿子交上來。

當時我鼓起了我全部的勇氣，然後若無其事地混在那些被國文老師點名要投稿的同學裡，一起把稿子交上去給老師。

我想，應該沒有人注意到我是混進來的，說真的，即使過了這麼多年，我依然記得那種感覺。

我記得在買稿紙時，我想過要放棄；在動筆時，我想過要放棄，而最想放棄的時刻，應該就是在交稿時。那時的心情，大概就像幾年前104人力銀行的一支電視形象廣告《青春無畏篇》：

「害怕，害怕是什麼？退縮，退縮是什麼？焦慮，焦慮是什麼？記住你青春無畏的樣子，你未必出類拔萃，但肯定與眾不同。」——這個廣告描述一個社會新鮮人第一次參加求職面試時，忐忑不安的樣子，他一邊承受著初出茅廬的焦慮和不安，一邊在腦海裡回憶起自己小時候一些青春無畏（年少無知）的往事，最後鼓起勇氣、迎上前去面對面試官。

「害怕，害怕是什麼？」
害怕就是你明明什麼也不會，卻為了爭（賭）一口氣要跟全班（全校）最優秀的同學，同場競技。
「退縮，退縮是什麼？」
退縮就是反正老師也沒有叫上你，你隨時都可以就此縮手，

第三章
做人如果沒有夢想，那跟鹹魚有什麼分別

一切就當從來都沒有發生過。

「焦慮，焦慮是什麼？」

焦慮就像是初戀的感覺，既期待又怕受傷害。你知道前路艱險，但是更明白退此一步即無死所。

我害怕、我焦慮、我想退縮，但是「我聽見地平線那一邊在呼喚著我」……。

當我把稿子遞上去時，老師在講台上一臉狐疑地望著我，然後接過我的稿紙，而我則安然自若地回以微微一笑。我猜他心裡大概在想：「眼前這個鄉巴佬是打那兒冒出來的？」不過他看我一副氣定神閒、成竹在胸的樣子，肯定料不到我只是來跑龍套的。

其實每個人生來就是個演員，任務就是認真地扮演好自己的角色。即使是跑龍套的，也要努力地跑下去。誰知道會不會跑著跑著，哪一天龍套就跑成了主角呢？

第四章

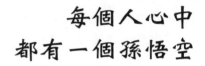

每個人心中
都有一個孫悟空

1. 導之以禮，養之以善

若近世之訓蒙稚者，日惟督以句讀課仿，責其檢束，而不知導之以禮；求其聰明，而不知養之以善；鞭撻繩縛，若持拘囚。彼視學舍如囹獄而不肯入，視師長如寇仇而不欲見，窺避掩覆以遂其嬉遊，設詐飾詭以肆其頑鄙，偷薄庸劣，日趨下流。是蓋驅之於惡而求其為善也，何可得乎？——《傳習錄》

像近代訓導啟蒙兒童的人，每天只是督促學生讀書和做作業，只會要求他們檢點約束自己，而不知道用禮儀來引導他們；只要求他們放聰明點，卻不知道用好的方法來培養他們；甚至對某些頑劣的學生加以鞭打繩縛，就像對待囚犯一樣。這種行為，就會導致孩子把學校看成是監獄而不願意去上學，視師長如仇人而不想看到。因此他們就窺伺、逃避、掩飾、遮蓋……想盡種種辦法，以遂其嬉戲遊樂之願，更設詐飾詭，肆意頑劣，品行輕薄鄙陋、平庸低劣，日益墮落。這是驅使他們作惡卻又要求他們向善，這怎麼可能呢？

　　陽明先生說的這番話，其實也是近代社會中的一些教育現象。

許多老師教導學生，不是從尊重學生、以人為本的角度出發，而是一味用師長的權威來要求學生服從自己，這就難免會引發學生的逆反心理，討厭老師、不想上學。

雖然當時我覺得老師指名（投稿）這件事很傷人自尊，不過多年以後我才明白，他的判斷基礎其實是一種常識（common sense）。在一個班級裡面想要受到肯定、重用，良好的表現和在老師心中所累積的信用是基本條件，古今如是、中外皆然。

「沒有人能隨隨便便成功」，
更沒有人應該隨隨便便給你機會

如果老師是職業九段的，那他為什麼也會看走眼了呢？

西元前257年，秦昭王派兵圍攻趙國都城邯鄲。趙孝成王派平原君去楚國求援，臨行前，平原君準備挑選二十名文武全才的門客隨同前往，已選中十九人，尚缺一人。這時，門客毛遂自告奮勇，願與平原君同往。平原君問：「毛先生至趙國幾年？」毛遂答：「三年。」平原君又問：「先生若為聖賢之輩，三年未曾被人稱誦，是先生無才能也。」毛遂答：「吾乃囊中之錐，未曾露鋒芒，今日得出囊中，方能脫穎而出。」平原君心悅誠服，率毛遂等二十人前往楚國。

平原君對毛遂做出的判斷符合「一般的常識」：一個聖人賢士的處世，就像錐子放在皮囊裡，錐子一定會刺破皮囊，露出令人不能忽視的鋒芒。

毛遂當然不能否定自己老闆的常識，於是他順著老闆的話，再深入一步地換句話說——「我是今天才請求被放到皮囊裡去的，如果早把我放在皮囊裡，那我這錐頭早就刺破皮囊、露出鋒芒了。」

第四章
每個人心中都有一個孫悟空

2012年二月，在NBA的球場上掀起了一股「林來瘋」，並席捲全球。

然而在「林來瘋」現象之前，林書豪的NBA之路卻四處碰壁，只能用顛沛流離來形容。不僅在NBA選秀中落選，成為只能拿短約的流浪球員，甚至在「林來瘋」之前，其合約亦即將到期、面臨失業……。

幸而「沉潛」了很久的紐約尼克隊，因為傷兵滿營，所以死馬當活馬醫地給了替補中的替補——林書豪一個「放到皮囊裡」的機會。林書豪抓住這機會，英雄造時勢，以驚豔的表現成為當代NBA先發前五場得分最多的球員，在全世界造成了極大的轟動。

生活就像擠地鐵，只有占著座的人
起身離開了，站著的人才有可能搶到一個座。

在日片《情書》中，男主角藤井樹參加運動會前腿腳已經負傷，卻仍然在「跑道外」堅持比賽，結果引起騷動，惹得眾人哄笑。柏原崇（飾藤井樹）為什麼會被發現呢？因為他跑在「跑道外」。

還好校刊投稿不是作文比賽，沒有名額限制，所以我既沒有占了誰的座，也沒有搶了誰的道。

事實上從那晚開始，這場「比賽」的對手一直只有一個，那就是我自己。

網路上有句名言：「有條件要上，沒有條件創造條件也要上。」

沒有人叫我上，我自己厚著臉皮上；不會寫，我自己硬著頭皮寫……。

雖然歷經諸多波折總算把稿子給交上去，但是我知道，這不是故事的結局，恰恰相反地，好戲這才剛要開始。

　　我念書那時候，一個班級有四、五十個人，而且一個科任老師還得教好幾個班級，所以我常在想，那些老師真的知道每個學生誰是誰嗎？更何況是我們這些新來的學生！

　　不過，同一件事情，往陰暗面是一種理解，往光明面也是一種理解。

　　「老師不知道你是誰」，在大部分的情況下可能不是什麼好事。可是，在某些情況下，可能是件幸運的事。

　　在印度電影《三個傻瓜》中，當我看到Rancho在考試時遲交考卷，而教授拒收的那場戲時，他低頭瞪眼皺起眉毛對教授說：「你知道我們是誰嗎？」教授可能以為他們想走關係用特權施壓，所以很不客氣地說：「我管你們是誰。」然後他就把自己跟朋友的考卷和其他人的考卷弄亂混在一起後就溜了。我不禁打從心底會心一笑。

　　俗話說：文如其人。這是說，一個人的文章風格反應的是他的性格特點。俗話也說：江山易改，本性難移。

　　如果人的本性是很難改變的，那一個人的文章風格怎能在一夜之間翻天覆地、判若兩人呢？

　　我總不能去跟老師解釋說，就在一個夜黑風高的夜晚，我頓悟了「聖人之道，吾性自足」的心學法門吧?!

　　所以說，「老師不知道你是誰」，此時反而是一種優勢。

　　就在我心懷忐忑、揣揣不安時，該來的總算來了。

　　校刊出刊隔天的國文課，國文老師一進教室就樣瘋了一樣

第四章
每個人心中都有一個孫悟空

（我覺得），因為他大概用了整整一堂課的時間在說我——是一匹「黑馬」！

　　說真的，我是有想過老師瘋了的樣子，只不過是氣瘋的……。

　　「黑馬」在《現代漢語詞典》的注釋是：「比喻實力難測的競爭者或出人意料的優勝者」。「黑馬」一詞其實是從英語中借鑒來的，源於19世紀的英國政治家本傑明・迪斯雷利的小說《年輕的公爵》（The Young Duke，1831）。該小說有一處對賽馬比賽的精彩描寫，比賽剛開始，兩匹奪冠聲最高的良種馬一路領先，眼看其中一匹勝券在握，全場為之狂呼。不料在最後關頭，一匹不起眼的黑馬忽然從後面奮力追趕上來，風馳電掣般地把兩匹良種馬甩在後面，領先抵達終點。從此，黑馬一詞不脛而走。所以黑馬就用來比喻出人意料的獲勝者。

　　老師為什麼會覺得我是「黑馬」呢？

　　並不是因為我取得了獨占鰲頭的成績，而是因為我跌破了他的眼鏡。他大概做夢也沒想到，自己居然也會有看走眼的一天吧?！

　　就像前NBA明星球員馬里安解釋為何會有「林來瘋」現象：「當時沒有人知道林書豪是誰，所以他的崛起會讓人感到特別驚奇」。

2. 每個人心中都有一把尺

先生曰：「孔子有鄙夫來問，未嘗先有知識以應之，其心只空空而已，但叩他自知的是非兩端，與之一剖決，鄙夫之心便已了然。鄙夫自知的是非，便是他本來天則，雖聖人聰明，如何可與增減得一毫？他只不能自信，夫子與之一剖決，便已竭盡無餘了。若夫子與鄙夫言時，留得些子知識在，便是不能竭他的良知，道體即有二了。」

——《傳習錄》

先生說：「有農夫來問孔子問題，孔子並沒有用什麼大道理來回應他，心中只是空空如也，孔子只是詢問農夫自己知道的是非，並從是非兩端幫他仔細分析，農夫便能夠明白。農夫自己知道的是非，是他內心本就有的天生準則，聖人雖然聰明，又怎能增減得一絲一毫？農夫只是不自信，孔子幫他一分析，是非曲直就一覽無餘了。如果孔子跟農夫談話的時候，想要告訴他一些大道理，就不能使他悟到自己的良知，反而將道心與本體一分為二了。」

　　不過真要說到「黑馬」，在我心目中有個人才是那年真正的「黑馬」。

第四章
每個人心中都有一個孫悟空

如果把國中三年比喻成NBA比賽的話，國一是上半球季，國二是下半球季，國三則是季後賽。

　　而能夠在「季後賽」中脫穎而出的，才能算是真正的黑馬。

　　那一年下學期，學校國三的模擬考排名，有個學姊異軍突起地，從全校一百名之外，一下殺入到五十名之內。

　　這種事情在「季後賽」發生，肯定馬上吸引大家的目光。就在大家都百思不得其解時，我們理化老師說話了。

　　理化老師並不是那個學姊的班導師，而是他們班的理化科任老師，只是比較古道熱腸（好管閒事）而已。他說他一直覺得這個學姊的資質很好，只是不明白為什麼她就是不喜歡念書。有一天閒聊時，他就問了她這個問題。

　　學姊告訴他，她們家世代都是務農的，她畢業後就要回家種田，這麼努力念書又有什麼用呢？

　　老師並沒有痛斥這個學姊苟且偷安、不求上進，或是給他灌輸什麼『萬般皆下品，唯有讀書高』的陳腔爛調。只是和孔子一樣，心中只是空空如也，靜靜地聽著她心裡的想法，然後順著這個想法告訴他說：「當農夫很好，我爸也是個農夫。」然後話鋒一轉：「可是經國先生不是說過要建設『精緻農村』嗎？……」（經國先生曾提出「八萬農業大軍」計畫，企圖以政府之力量，培養八萬戶年輕專業之核心農戶，用以主導農村走向精緻化、高附加價值之新階段，可惜政策未能徹底推動。因年代久遠，姑且將其理解成現在流行的「科技農夫」）

　　一樣要種田、搞農業，如果你有技術、有學問，那不就可以把它精緻化、科技化了嗎？經過老師的分析，是非曲直已一覽無餘。

　　那技術和學問要從那裡來呢？

　　每個人的心中都有一把尺，只要學姊心中的那把尺不是歪

的，她自然知道接下來應該怎麼做！

說真的，像這種「醜小鴨變天鵝」的勵志故事，相較於那些對學霸「神蹟」的歌功頌德，往往更能振奮我們這種小人物的心。

所謂勵志故事應該是要你我這種小人物能學的部分，要像這個學姊，透過改變自己的想法、提升自己的能力，最後完成小人物的逆襲，這才叫勵志。

3. 春風化雨，進進不已

大抵童子之情，樂嬉遊而憚拘檢，如草木之始萌芽，舒暢之則條達，摧撓之則衰痿。今教童子，必使其趨向鼓舞，中心喜悅，則其進自不能已。譬之時雨春風，沾被卉木，莫不萌動發越，自然日長月化；若冰霜剝落，則生意蕭索，日就枯槁矣。──《傳習錄》

一般來說，小朋友的性情都是喜歡嬉戲玩耍而害怕約束的，就像草木剛開始萌芽，讓它處於舒暢安適的環境，就能很快枝繁葉茂，如果摧殘阻撓它，就會很快枯萎。現在教育孩子，一定要他們不斷受到鼓舞，心中喜悅，則其進步就不會停止。就好比時雨春風滋養花木，花木自然會發芽，開枝散葉，自然會一天天地長大；如果遭到冰霜的侵襲，則內部的生機就會被破壞，而一天天地日漸枯萎。

第四章
每個人心中都有一個孫悟空

說來奇怪，不知道是國文老師慧眼識珠，還是真的機緣巧合，後來能在本班讀出名堂來的，竟然不出那一天被老師點名要投稿的那幾個同學，彷彿冥冥之中早就註定好了一樣。

　　心理學上有一種現象叫作「羅森塔爾效應」，說的是美國心理學家羅森塔爾等人以「權威性的謊言」暗示老師，讓老師相信他班裡的幾個普通學生是天賦異稟的資優生，結果幾年後他們再回來調查，發現這幾個當時「隨口指定」的普通學生真的成了資優生。原因就在於，接受暗示之後，老師真的把這幾個普通學生當作資優生培養，最後就真的培養出了資優生。

　　「羅森塔爾效應」給了我們這樣一個啟示：讚美、關注和期待具有一種正能量，它能激勵人的內心，改變人的行為，當一個人獲得別人的激勵、讚美時，他便感覺獲得了自信、自尊，從而增強了自我價值，獲得一種積極向上的自我意識。就好比陽明先生說的，草木受到春風雨露的潤澤，就會發芽，開枝散葉，自然會一天天地長大。

　　所以才會有人說，沒有教不好的學生，只有不會教的老師。

　　名作家林清玄先生有一篇短文：〈孩子需要大人的保證〉，裡面提到：「我上高中時，有位老師邀我去家裡吃晚餐，吃的是餃子，我很開心。等到餃子端到桌上，我眼淚都掉下來了。老師說的話更讓我感動，他說：『我教書50年，我用我的生命和你保證，你將來一定會成功。』哇！我更感動了，眼淚掉在餃子上。從來沒人瞭解我，用生命向我保證。過了兩個星期，我的希望破滅了，因為全班每個同學都去過他家裡吃餃子。他對每個同學都用生命保證過。」

　　陽明先生說：「每個人的胸中原來都有一個聖人，只是因為

自信心不足，都自己把聖人給埋沒了。」

讓我說：**每個人心中都有一個孫悟空，而你缺少的只不過是「給你那三顆痣的人」**。

人在求學時，最好當然是得遇那種能把你當做「黑馬」，或是願意「用他的生命和你保證」的明師。如果都沒有，那就自己想辦法出點風頭。

要不然一個學生如果在課堂上從來沒有被讚美、被期許；考試、比賽中從來沒有得過名、拿過獎，上學永遠得不到成就感，那還談什麼「羅森塔爾效應」呢？！

雖然那一天老師並沒有點到我的名字，可是在我身上「羅森塔爾效應」反而體現得更加明顯。

老實說，當時的我能力是不行的，機會是沒有的，而勇氣則是假裝的。

時間往前推一年，我是個連生活週記的讀書心得都寫不出來，還得去向同學借來抄的放牛班學生；可是時間再往後推一年，我卻橫掃了國三那一年，校內所有的國文科考試。

什麼是「羅森塔爾效應」？

要我用大白話來說就是：有人說你行，說你行的人行，結果，不行也行！

第四章
每個人心中都有一個孫悟空

4. 誰不想當老大？

　　何廷仁、黃正之、李侯璧、汝中、德洪侍坐。先生顧而言曰：「汝輩學問不得長進，只是未立志。」

　　侯璧起而對曰：「珙亦願立志。」

　　先生曰：「難說不立，未是『必為聖人』之志耳。」

　　對曰：「願立『必為聖人』之志。」

　　先生曰：「你真有聖人之志，良知上更無不盡。良知上留得些子別念掛帶，便非『必為聖人』之志矣。」

　　洪初聞時心若未服，聽說到此，不覺悚汗。——《傳習錄》

　　何廷仁、黃正之、李侯璧、王汝中、錢德洪等人陪先生同坐。先生看著大家說：「你們的學問之所以不能進步，只因沒有立志。」

　　李侯璧站起來回答：「我願意立志。」

　　先生說：「也不能說你沒有立志，只是你立的不是『一定要做聖人』的志向罷了。」

　　李侯璧回答說：「我願意立『一定要做聖人』的志向。」

　　先生說：「如果你真的有一定要做聖人的志向，在致良知時就一定會竭盡全力。如果良知上還留有別的私心雜念，就不是『一定要做聖人』的志向了。」

陽明心學三部曲
（一）求學之卷

錢德洪剛聽聞時心中還有些不服，聽到這裡，不禁流了一身冷汗。

　　雖然說「人爭一口氣」，但是，如果只有氣而沒有志，則有如無根之木、無源之水，是維持不了多久的。

　　古聖有云：「持其志，勿暴其氣！」（保持自身的志向，不要放任自身的血氣。）所以做人不但要爭一口氣，更要因氣而立志。

　　誠如有人說：人生中的第一次都不會有結果，比如初戀。但是，正如「凡原則必有例外」一樣，我這第一次投稿居然就被錄取了，雖屬意料之外，卻也在情理之中。

　　這其實很好理解，那些被老師點名的同學只是抱著應卯的心態來交差了事，而我，一方面要硬著頭皮進取，另一方面還得小心不要被老師逮到。

　　《孟子‧盡心》：「獨孤臣孽子，其操心也危，其慮患也深，故達。」意思是說：「只有那些孤臣和孽子，那些不受待見的人，他們持有警懼不安的心理，考慮憂患很深遠，所以通達事理。（孤臣，受疏遠的臣；孽子，非嫡妻所生之子，引申為不受寵的孩子。）

　　都說「沒有傘的孩子必須努力奔跑」。當你失去所有依靠的時候，你自然就什麼都會了！就像一個故事裡，老追不上野兔的獵狗追問野兔：「為什麼我總是追不上你呢？」野兔一邊跑，一邊回頭說：「你是為了一頓飯，而我是為了一條命！」

第四章
每個人心中都有一個孫悟空

多年以後，大概是由在這件事情中所總結出來的「天理」，有一天在跟我老媽閒聊時，我有感而發地說：我發現這世上大部分的人都不想「當老大」。誰知我老媽並不買帳，她說：每個人都想當老大啊，誰不想當老大？

誰不想當老大？誰小時候沒有個志向、夢想？

就像醬爆從來沒有放棄成為一個偉大作曲家的理想，豬肉佬又何嘗不想成為一個偉大的舞蹈家?!

但是「理想很豐滿，現實很骨感」，光有夢想是件快樂輕鬆的事，而要把夢想變成現實那就是一件艱難甚至是痛苦的事了。

只是一樣對現狀不滿，有些人雖然沒有實力、也沒有機會，但是仍然努力改變現狀；另外有一些人，只敢在私底下放炮，甚至去嘲笑那些為了夢想而努力改變現狀的人。

成功學說：這世上大部分的人都想要成功，但是只有少部分的人一定要成功。想要跟一定要有絕對的差別。成功的人士，都決定一定要；而沒有成功的人，都只是想要而已。

所以，陽明先生說如果你真的有做聖人的志向，在致良知時就一定會竭盡全力。如果良知上還留有別的私心雜念，就不是「一定要做聖人」的志向了。

5. 君子立長志，小人常立志

問立志。

先生曰：「只念念要存天理，即是立志。能不忘乎此，久則自然心中凝聚，猶道家所謂『結聖胎』也。此天理之念常存，馴至於美大聖神，亦只從此一念存養擴充去耳。」──《傳習錄》

陸澄向陽明先生請教立志的問題。

先生說：「只要念念不忘存養天理，就是立志。能夠時時不忘這一點，久而久之，天理自然會在心中凝聚，然後就會像道家所說的『結聖胎』一樣。心中總是保持這種天理狀態，使其逐漸達到孟子所說的美、大、聖、神的境界，也只是從當初這一念不斷去保持發揚開來的。」

陽明先生指出，立志就是要時時刻刻「不忘初心」，久而久之，自然能日起有功，達到超凡入聖的境地。很多人雖然都心有所念，卻很少有人能持志不懈地努力下去。而先生告訴我們，只要能不忘初心，久而久之就能凝聚成一股強大的洪荒之力，逐漸從「我想要」轉變成「我可以」，使理想一步一步地實現，而成為豐滿的現實。

第四章
每個人心中都有一個孫悟空

就這樣，不在情理之中、出乎意料之外地，我成了老師口中、同學眼裡的「黑馬」，但是我知道，好戲還在後面！

　　台語有一句俗諺：「頭仔燒燒，尾仔冷冷」。比喻做事情開頭時風風火火，結尾卻不了了之。

　　《詩經・大雅・蕩》：「靡不有初，鮮克有終。」意思是說（做人、做事）沒有不肯善始的，可惜很少能有善終的。

　　這一切都說明了一個道理，人立志後開始奮發，但無持之以恆的毅力，所以漸漸懈怠，終至虎頭蛇尾。

　　任何的機遇都只是為成功之路打開一扇門而已，能不能走到彼岸，關鍵就在堅持二字。而任何成功，方向對頭之後，也都取決於能否堅持。

　　小時候看連續劇時，在不同的劇裡看過好幾次同一個橋段。

　　有一個學生叫做小明，小明的成績不好，想要靠作弊取得好成績，所以想到了做小抄這一招，好不容易辛辛苦苦地版書好的小抄，卻在考前不見了，眼看再刻也來不及，小明只好硬著頭皮上考場，到了考場後才發現，他在版書小抄時，居然把內容都記了下來，於是考試的成績出奇的好。

　　劇情如果到這裡結束，那結局肯定是皆大歡喜，可惜的是戲如果這麼演的話，那就沒有人看了。緊接著成績出爐的是，小抄不知又從那兒冒了出來……。

　　我的運氣比小明好多了，「那張小抄」從來就沒有出現過，我甚至忘了曾經有「它」的存在。因為，就在那個夜黑風高的夜晚，我建立了自己的風格，從此我就照著這個自我風格一直寫下去，仿佛與生俱來的一樣。

　　人生往往就是這樣，開始時無意為之，後來就隨著慣性前進，所謂「無心插柳，柳成蔭」就是這個道理。

當然你肯定會有疑問，很多人寫了一輩子也沒能形成自己的風格，你小子才一晚就建立了自己的風格？

那是因為我沒有基礎。正因為沒有基礎，所以也就沒有包袱。既然沒有包袱，那就可以只憑良知來行事。

從此，「只憑良知來行事」就成了華山一條道，即使想要改道也來不及了。

其實，所有成功的人都伴隨著一種自我期許，或者說是自我預期心理的膨脹。

電影《KANO》裡嘉農棒球隊的王牌投手問隊友：「你為什麼會覺得，我們一定可以去甲子園？」隊友回答：「每天喊著『甲子園！甲子園！』說也奇怪，我覺得甲子園好像就在我家旁邊，走路就可以到。」在電影院中，好多人看到這一幕時都笑了出來。

「吸引力法則」不就是這麼運行的嗎？

什麼是「吸引力法則」呢？

要我來說就是：當你相信自己行，並且全心全意地用心去做時，不行也行的法則。

第四章
每個人心中都有一個孫悟空

6. 君子務本，本立而道生

> 孔子氣魄極大，凡帝王事業，無不一一理會，也只從那心上來。譬如大樹，有多少枝葉，也只是根本上用得培養功夫，故自然能如此，非是從枝葉上用功做得根本也。**學者學孔子，不在心上用功，汲汲然去學那氣魄，卻倒做了。**——《傳習錄》
>
> 孔子的氣魄非常大，只要是與帝王有關的事情，他都一一加以研究、領會，這一切也只是從心上得來。比如一棵大樹，儘管有許多枝葉，也只是從培育樹根下功夫，功夫到了，自然能枝葉繁茂，而不是從枝葉上用功去培育根本。**現在的人學習孔子，不在心上用功，而是匆匆忙忙地去學孔子的氣魄，如此去做，卻是把功夫做顛倒了。**

你見過淩晨四點的洛杉磯嗎？

高中時我有個同學，上籃時總要模仿空中飛人麥可喬丹「吐舌頭」的習慣性動作，問題是他在籃球場上從來沒有比我準過。

陽明先生說學習孔子不是要學他的氣魄，這個道理簡單地說，就好比學喬丹不是要學他上籃時「吐舌頭」。

現實生活中有很多人，把這些職業運動明星當偶像。但是學這些球星，不是要學他們的球技，因為我們沒有他們那樣的天賦，練一輩子都達不到那樣的高度，搞不好還會走火入魔。所以，我們要學的是他們的態度、精神和意志，從而借助榜樣的力量，堅定自己的方向，追逐自己的理想，最終找到自己、成就人生。

曾經有記者問NBA的籃球巨星科比·布萊恩：「科比，你為什麼會如此成功？」科比反問記者：「你見過凌晨四點的洛杉磯嗎？」記者搖搖頭。科比：「我見過每天凌晨四點洛杉磯的樣子。」

這就是科比如此接近麥可喬丹的原因之一，即使功成名就之後依然刻苦訓練。

曾經有記者問巴西足球巨星小羅納度：「小羅，你為什麼墮落至如此地步？」小羅反問記者：「你知道巴賽隆納凌晨四點的樣子嗎？」記者搖搖頭。小羅：「我知道每一個巴賽隆納凌晨四点的樣子。」

這就是小羅巔峰如此短的原因之一，有錢之後沉溺於花花世界之中，自甘墮落。

師其意而不泥其跡

學習，不是跟著他人亦步亦趨。

「人們時常疑惑：為什麼我天天讀卡耐基還是將人際關係處理得一團糟，為什麼我天天讀《曾國藩》還是仕途失意，為什麼

第四章
每個人心中都有一個孫悟空

我日夜學胡雪岩仍然在貧困線上掙扎？」

原因就在於人們對這些大人物的模仿未得其精髓，只學得其形，未學得其神。你看見人家是怎麼取勝的，學得一模一樣照做，最後卻落得慘敗。因為知其然而不知其所以然，他是根據當時的條件情況，才那樣做的。等你做的時候，所有條件情況都變了，那就要吃虧了。說白了，一個人如果沒有經歷和那些大人物一樣的心路歷程，光是模仿他們的行為是沒有用的。

能夠將別人的智慧結合自己的心性特點，融會貫通並納為己用，才能形成真正的自我風格，這也進一步論證了「在心上用功」的重要性。

記往知識，不如得到智慧，得到智慧不如發明本心！

7. 凝思靜慮，擬形於心

> 先生嘗示學者曰：「吾始學書，對模古帖，止得字形。後舉筆不輕落紙，凝思靜慮，擬形於心，久之始通其法。」──《年譜》
>
> 陽明先生曾經對學生舉例說：「我開始學習書法時，只是對著古帖臨摹練習，這樣練來練去，只學了個字形相像，內在的神意卻毫無所得。後來我改變學習方法，舉筆不再輕易落紙，而是凝神靜慮，先在心中模擬要寫之字的形態，這樣練習久了之後才開始通達書法之道。」

國二時國文老師曾經在課堂上教過「作文之法」：「要學好作文就要『用別人的文氣，來培養自己的文氣（註：文氣，指文章所體現的作者精神氣質）』。」沒錯，就只有這麼短短的一句話，講完收工。

　　我當時聽了也是一知半解的。那一晚，我總結了自己的經驗，再來理解他這句話的意思：「『用別人的文氣，來培養自己的文氣。』並不是用你的眼睛去欣賞別人文字之洗鍊、詞藻之優美，而是用你的心與之交融，去體會作者意念之『真』誠，發想之良『善』、意境之優『美』。」因為一篇沒有「文氣」的文章，不能形成自己的風格，就算文字再好，也只能顯得匠氣十足。

　　國三那一年，我發現不論是什麼考試，只要當天有考國文，國文科一定是第一節考。所以每次考國文，一大早當別的同學都在「臨時抱佛腳」時，我往往在「凝聚文氣」。怎麼做呢？就隨便想個主題，然後就開始天馬行空、敞開自己的思緒，熱身一下。等到考試開始、考卷一發下來，我會先看一下作文題目，但是並不下筆，而是先作測驗題。這「先看一下作文題目」的用意，就是讓這個題目產生「問題意識」（其實是潛意識），讓剛剛凝聚的文氣，自動往這個題目上去「歸集」。在作測驗題的期間，「起、承、轉、合」各段大綱的靈感（潛意識）會陸續產生，這時用「意識」去補捉「潛意識」，但是只把大綱、摘要寫下來，仍然不動筆。等到測驗題作完，在提筆寫作文之前，其實整篇文章的內容，早已草擬於心了。

第四章
每個人心中都有一個孫悟空

8. 識進則才進，見大則量大

> 　　既後讀明道先生書曰：「吾作字甚敬，非是要字好，只此是學。」既非要字好，又何學也？乃知古人隨時隨事只在心上學，此心精明，字好亦在其中矣。後與學者論格物，多舉此為證。——《年譜》

> 　　到了後來讀明道先生（即程顥）的書中寫道：「我寫字的時候很恭敬，並不是要字寫得多好，只是這個恭敬的態度就是學習。」既不是要字好，又為什麼要去學呢？（通過自己學習書法的例子）我這才明白，古人不論什麼事情，隨時都在「煉心」，等到心精明通透了，字自然也就寫得好了。後來我在與學生談到「格物」的意義時，也常舉這件往事當作例證。

我爬到上面並不是為了被這個世界看見，而是為了看見這個世界

　　小學畢業一年後，我又重新回到了老師的視線。

　　但這並不是重點，我爬到上面，並不是為了被這個世界看見，而是為了看見這個世界！

孔子說：登東山而小魯，登泰山而小天下。意思是說，登上東山之後就會覺得魯國很小，登上泰山之後，就會發現原來天下也很小。

孔子不愧是儒家的聖人，他在幾千年前就已經告訴了我們人生的真諦：**心大了，世界也就小了。**

同樣的道理唐朝詩人王之渙也曾經說過：「**欲窮千里目，更上一層樓。**」

登高能望遠，他告訴我們的禪機是：如果心境得到提升，自然能看到更寬廣的世界。

很多人不重視語文，但其實語文是一切學習的基礎，語文不好不僅僅是語文成績不好，還會影響到其它科目的整體學習。有些教育學者就觀察到，現在很多學生語文能力差到連考試題目都看不懂，或看不懂題目的關鍵字。

阿你連題目都看不懂，是要如何作答呢？

更重要的是，語文能力（不等於語言能力）不僅是為了考試需要，「此心精明，字好亦在其中矣」背後的深意是：一個人的邏輯思辨能力增強了、境界提昇了，做人、做事（包括考試）自然都能水漲船高。

說真的，有時我只是揣摩題目的語意，就能猜到出題老師要的答案，即使那一題我根本就不會！

網路上有一段話：

「螞蟻在地上爬時，再小的石頭都是天大的障礙；

如果是大象行走，石頭根本不在話下，只有大山才是障礙；如果是老鷹飛翔，再高的山峰也能輕易飛過。」

第四章
每個人心中都有一個孫悟空

有高度的人是沒有困難的，因為行走的高度不一樣，做事的格局也不一樣。

其實無論練任何技藝，都是在「煉心」。

我們要修煉的是如何提升自己的境界，所謂「心靈手巧」，一旦心的境界提高了，則手上的功夫自然也能水漲船高。

9. 找到自己的心

　　昏暗之士，果能隨事隨物精察此心之天理，以致其本然之良知，則雖愚必明，雖柔必強。——《傳習錄》

　　資質平庸的人，如果能在平常的事物上仔細覺察本心運作的規律和奧妙，從而找到其原本的良知，那麼，即使是愚昧者也一定會變得聰明，柔弱者也一定會變得強大。

美國華盛頓郵報2017年評選出十大奢侈品：

1. **生命的覺悟與開悟。**

2. 一顆自由、喜悅與充滿愛的心。

3. 走遍天下的氣魄。

4. 回歸自然。

5. 安穩而平和的睡眠。

6.享受真正屬於自己的空間與時間。

7.彼此深愛的靈魂伴侶。

8.任何時候都有真正懂你的人。

9.身體健康,內心富有。

10.能感染並點燃他人的希望!

「生命的覺悟與開悟」為什麼是奢侈品,而且是最重要的那一個呢?

佛家說:「千年暗室,一燈即明」,此言可與陽明先生的一句話相互印證:「人若知這良知訣竅,隨他多少邪思枉念,這裡一覺,都自消融。真個是靈丹一粒,點鐵成金。」(《傳習錄》)這裡一覺,都自消融!光明一旦出現,黑暗就融入光明之中了。

說真的,如果在那晚之前,我還只是「塵世中一個迷途的小書童」,在經過那晚之後,我的內心世界已經起了翻天覆地的轉變。

這是一個很神奇的轉變,我想很多人可能終其一生也無法遇到這種「奇遇」。

NBA記者問波特蘭拓荒者隊的明星後衛利拉德,什麼時候開始覺得自己能在聯盟站有一席之地。他回答:新秀賽季最後一場比賽,他在科比的防守下拿了40分,從此他相信在NBA也可以應對任何防守。

當你找到一種感覺可以證明自己的時候,這種感覺就會跟著你一輩子。

第四章
每個人心中都有一個孫悟空

而事實上，所謂的好孩子和壞孩子之間，也不過就是這一點差異而已。

　　名作家林清玄先生有一篇短文：〈好孩子不是得第一名，而是被喚醒了內心的種子！〉裡面提到：「要根據孩子的特點來教育孩子，就是喚醒孩子內心的種子。好孩子是已喚醒內心種子的孩子，他們認識到了自我；壞孩子還沒有喚醒種子，沒認識到自我，還渾渾噩噩地活著。」

　　要我說，好孩子和壞孩子只有一線之隔，能找到自己的心的就是好孩子，而所謂的壞孩子其實只是還沒找到自己的心。

　　我們常說「讀書求學」，其實學問不是去外面尋求，而是要向內覺察自己，也就是「返觀內照」。

　　那要如何「返觀內照」，向內覺察自己呢？

　　從日常生活的歷鍊中，去體察自己內心的活動和其定、靜、安、慮、得的過程，感覺自己和自己的心融為一體，那就是莊子說的：天人合一；也是孟子說的：求其放心；《大學》說的：明明德；陸九淵說的：發明本心；佛家說的：明心見性；道家說的：返樸歸真；陽明先生說的：致良知。

第五章

這個世界上會感冒的人，
都是那些心中有弱點的人

1. 唯一值得恐懼的，其實是恐懼本身

澄問：「有人夜怕鬼者，奈何？」

先生曰：「只是平時不能『集義』，而心有所慊，故怕。若素行合於神明，何怕之有？」

子莘曰：「正直之鬼不須怕，恐邪鬼不管人善惡，故未免怕。」

先生曰：「豈有邪鬼能迷正人乎？只此一怕，即是心邪，故有迷之者，非鬼迷也，心自迷耳。如人好色，即是色鬼迷；好貨，即是貨鬼迷；怒所不當怒，是怒鬼迷；懼所不當懼，是懼鬼迷也。」──《傳習錄》

陸澄問：「有人夜裡怕鬼，該怎麼辦？」

陽明先生說：「這只是因為平時不能培養自己的德行，以致心虛才會感到害怕。假若平常的行為光明坦蕩，那會怕什麼鬼呢？」

馬子莘說：「正直的鬼不必怕；但是邪惡的鬼不管人是善是惡都會傷害，所以難免讓人害怕。」陽明先生說：「邪惡的鬼豈能迷惑正直的人？有怕這個念頭，就是人心不正。之所以有被鬼迷惑的，並非是鬼迷惑了人，而是人自己的心迷惑了自己。例如，人好色，就是心被色鬼迷惑了；貪財，就是心被貪財鬼迷惑了；對不應當發怒的事物發怒，是心被怒鬼迷惑了；對不應當怕的事物感到害怕，是心被恐懼鬼迷惑了。」

名作家司馬中原說：「中國人怕鬼，西洋人也怕鬼，全世界的人都怕鬼。」但是，世上本無鬼，只是有些人心中有鬼！

這世上有沒有鬼，不在心學的討論範圍，甚至不在古典儒家的討論範圍。但是電視或電影里的「鬼」，你總知道那是假的吧？然而在觀影時，這些假鬼一樣可以讓一堆人嚇尿、嚇哭。

按照陽明先生的說法：「對不應當害怕的事物感到害怕，是**因為平時不能培養自己的心志膽氣，以致心虛才會感到害怕。**」

正如一個人會感冒是因為身體抵抗力不足的緣故；而一個人會感到害怕，則是因為內心不夠強大所致。

也就是說，感到害怕的根本原因，就在於自我修養方面有弱點，而這些弱點才是讓我在高中聯考時臨陣怯場的原因。

這份前所未有的莫名恐懼，應該是從那天早上上火車時開始的。雖然這並不是我第一次坐火車，不過，我記得上一次坐火車，已經是在我上小學之前的事了。

高中聯考前一天，我媽和我阿嬤陪我南下台南赴考。

不知為何，從上火車開始，我就感到一種莫名的恐慌和心悸。雖然我一直努力做深呼吸，並嘗試各種讓自己放輕鬆的方法，然而這種恐懼感，一路上反而一點一滴地不斷地增加。

說真的，理性地思考問題並不難，難的是用理性戰勝恐懼。這就好像你在書桌前，能氣定神閒地謀畫很多事情；可是一旦上了考場、賽場或戰場，面對場上的巨大壓力時還能保持平常心，這才是強者和弱者最大的區別。

出了火車站，這種緊張或者說是恐懼的感覺，達到了高點。面對眼前的「水泥叢林」和「車水馬龍」，我的勇氣和戰意就像鄉下村莊嫋嫋升起的炊煙，遭遇了「強烈颱風」，然後風卷殘雲地，瞬間消逝得無影無蹤。此時跟在我媽身後的我開始哆嗦起

第五章
這個世界上會感冒的人，都是那些心中有弱點的人

來，像一個從山上下來的孩子第一次見到大海時一樣，就在走出台南火車站的當下，我突然覺得自己非常渺小。

2. 不慌不亂是一種境界

> 人須在事上磨煉做工夫，乃有益。若只好靜，遇事便亂，終無長進。——《傳習錄》

> 人必須在事上磨煉下功夫才會有收益。如果只喜歡寧靜舒適的境界，而沒有經過各種複雜環境的磨煉，遇事就會忙亂，終究不會有長進。

世上從來「沒有無緣無故的愛，也沒有無緣無故的恨」。同樣地，世上也沒有無緣無故的「恐懼」，冰凍三尺絕非一日之寒。

去年（2017年）12月，表妹因公要去歐洲出差。天阿，很多人來說，這是求之而不可得的「美差」，但是他媽（我阿姨）有意見了，三天兩頭打電話跟我媽抱怨：「阿那個坐飛機說要十多個小時」，「現在的氣溫竟然是零下十幾度」……。「公司說不能不去？那就跟公司說不幹了！」

大姪女小學一年級（2017年初）的寒假，去參加了一個5天

期的冬令營。小傢伙第一次一個人出去玩，應該是玩得超嗨的，可是我媽有意見了：「阿，我還以為是安親班辦的活動，原來是跟一堆不認識的人去的阿（外面的營隊）……。」

我可以想像，即使這是安親班辦的活動，他的話也可以改成：「阿，我還以為是學校辦的活動，原來是跟安親班的人去的阿……。」即使是學校辦的，他也可以改成說要等你以後高年級再去……。

結果就是，在我參加高中聯考之前，我從來就沒有出過遠門參加過什麼活動。

阿沒參加就沒參加阿，反正「萬般皆下品，唯有讀書高」，把書讀好、把試考好才是最重要的。

但是有時事情往往是這樣，你覺得沒有把握，甚至是不會的事，不一定做不成，因為你沒把握，所以你會把所有你能想到的不利因素，通通都考慮進去。反倒是你很有把握的事，有時不一定能成功，因為你覺得勝券在握了，你就會忽視一些看似微不足道、卻能決定全局的因素。

而「怯場」就是我從來沒有想過的問題。

說真的，那年代能走到高中聯考這一關的，肯定都已經是身經「百戰」了。光是國三這一年，我所經歷過的考試，小考不算，光是大考就不下數十場，我怎麼可能會怯場呢？別逗了！

問題是，這數十場、上百場的考試，我都是「主場」做戰，而這次的高中聯考，則是我第一次「客場」做戰。

令人萬萬想不到的是，這次「出門赴考」，「出門」居然成了主角，「赴考」反倒成了配角，這說出來誰相信呢？

第五章
這個世界上會感冒的人，都是那些心中有弱點的人

名作家侯文詠在他的文章〈和孩子做見景生情的陪伴〉裡提到：「在教養小孩上，最重要的就是給他練習錯誤的機會，直到變成內在的經驗。就好比捷運悠遊卡弄丟，若你曾讓他自己去面對重辦、繳保證金……種種麻煩手續，他以後就會知道要小心點。孩子年紀愈小，閒的時間愈多，一定要讓他愈麻煩愈好，因為他現在不踩地雷，長大再踩到會更慘……。」

　　一隻木桶儲存多少水，不是取決於最長的那塊木板，恰恰是取決於最短的那塊木板，這就是著名的「短板效應」。（又稱「短板理論」、「水桶效應」。該理論由美國管理學家彼得提出）

　　因為十年沒有出過遠門，以致於「出門」居然成了這次赴考的「短板」。

　　雖不在意料之內，但亦在情理之中。在傳統「萬般皆下品，唯有讀書高」的流俗之見下，很多考場上的巨人，往往都是生活上的侏儒。

　　所以後來社會上才會掀起了一波接一波的「教育改革」，這是後話。

3. 一葉障目，不見泰山

人心是天淵。心之本體，無所不賅，原是一個天。只
為私欲障礙，則天之本體失了。心之理無窮盡，原是一個
淵。只為私欲窒塞，則淵之本體失了。如今念念致良知，
將此障礙窒塞一齊去盡，則本體已復，便是天淵了。——
《傳習錄》

人心既像遼闊的天空，又像無底的深淵。心的本體，
無所不備，原本擁有如遼闊天空般無邊的智慧。只因為各
種私心雜念的障礙，這種智慧才失落了。心中的智慧沒有
止境，無窮無盡，原本像無底的深淵，只是因為各種負面
情緒的阻塞，這種如淵般的心性本體才失落了。如今念念
不忘致良知，將那些蒙蔽心靈的障礙、阻塞一齊去盡，心
的本體就能恢復，心就又能擁有如天淵般的智慧了。

每個人在成長過程中，受到親人、朋友、老師……所灌輸的
各種訊息影響，久而久之，形成一種牢固的「自我制約」。

比如說，當大象還是小象時，馴象師會把牠拴在一棵小樹椿
上。小象想要玩耍，於是使勁掙脫，可是力氣太小，終究掙脱不
了。在經過多次失敗的嘗試之後，小象終於放棄，接受了自己被

第五章
這個世界上會感冒的人，都是那些心中有弱點的人

樹椿禁錮的命運。等到小象長成大象，掙脫樹椿對牠來說已是小菜一碟，但小時候挫敗的印象是這樣強烈，讓牠已經形成思維定勢，喪失了掙脫的欲望和勇氣。牠在沒有再次嘗試的情況下，就想當然耳地認為，那棵樹椿是牠永遠也掙不脫的宿命。

這種「自我制約」牢牢地束縛我們的心靈，阻礙我們的發展。

但是，人的本心並不是這樣子的。比如說學騎腳踏車，小朋友可能摔個十幾二十次就會了，大人可能摔三個月還學不會。

人生就是這樣，一步步地從「初生之犢不畏虎」的「嬰兒思維」，走到「江湖越老，膽子越小」的「自我制約」。

Round 1

有一次我返台休假，那時大姪女由我媽幫忙帶，在老家念幼兒園中班。那一天我進門時她正在看電視，而電視上正在進廣告。

所以我就很熱情地問她：你在看什麼（節目）？

小朋友也很天真地回答：「running man」。

我自然而然地在腦海中搜尋了一下我的台語系統……，沒有。

又在腦海中搜尋了一下我的國語系統……，還是沒有。

我想可能是我沒有仔細聽，所以沒聽清楚。

我微微一笑，對大姪女說：「再說一次！」

「running man」。這次我確定自己聽得一清二楚。

於是我在腦海中又搜尋了一次我的台語系統……，沒有。

然後又在腦海中搜尋了一次我的國語系統……，還是沒有。

我想應該是小朋友說話「臭乳呆」（台語，意思等同於國語的「奶聲奶氣」），所以沒有說清楚。

　　比如說，很多地方都有「城門城門雞蛋糕」這首童謠。我相信很多人長大後仍想不明白──「城門跟雞蛋糕」到底有什麼關係呢？事實上，這首童謠的原句為「城門城門幾丈高」，只是因為小朋友「臭乳呆」（奶聲奶氣），把「幾丈高」唱成了「雞蛋糕」，然後以訛傳訛、積非成是，於是就變成了現在這個樣子。

　　「阿你的發音可不可以標準一點啊？」我的「微微一笑」已經快要變形了……。

　　「阿就running man啊！」現在的小朋友是沒有在跟你認輸的！

　　這在這樣反反復復、雞同鴨講的情況下，還好廣告適時地結束，要不然不是他被我逼瘋掉，就是我被他搞到神經錯亂！

　　節目一進來，螢幕上斗大的兩個字「running man」馬上映入我的眼簾，我的胸口就像被棒子用小拳拳捶了一下！

　　當時我腦海中浮現了四個字：「一葉障目」。

　　我開始回想這一切是怎麼發生的：我一直以為我們家大姪女要嘛說國語，要嘛說台語，才會連這麼簡單的英文單字都聽不出來；我還一直以為小朋友應該是在看卡通（動漫），所以雖然是這麼紅的綜藝節目，也聯想不起來。

　　如果你以為事情到這裡就結束的話，那你就想得太天真了，就像我當時一樣……。

第五章
這個世界上會感冒的人，都是那些心中有弱點的人

Round 2

「你怎麼會看這個呢？」我很好奇地問（因為這個節目連我自己都沒看過）。

「這個好好笑哦……」，大姪女萌萌地冒出了這一句。

Are you kidding me？我彷彿看到了一絲絲反敗為勝的曙光。

說真的，講話一向是我的強項耶。

我怎麼可能會輸給一個乳臭未乾，而且說話還奶聲奶氣的小丫頭呢？

是可忍，孰不可忍；叔可忍，阿伯都不能忍。

你可能會覺得我是不是太小題大作了？

開玩笑，獅子搏兔尚且全力以赴，更何況剛剛被KO的人是我。

所以接下來，我很認真地問了一個（自以為）切中要害且萬無一失的問題。

「你聽得懂他們在說什麼嗎？」

我想，現在的小朋友會說幾個英文單字其實也不算什麼。但是，一個幼兒園的小屁孩能聽得懂這一串串的韓語？

別鬧了，鄉土劇都不敢這麼編！

「我不用聽得懂阿，我看得懂就可以了！」

這小鬼……居然……看穿了我志在必得的一擊，而且還懂得……避實擊虛？！

就在那一刻，我覺得滿天的星星都落到了我的頭上……

孟子說每個人都有良知、良能，生而知之、不學而能。可是

後來為什麼不能了呢？就是因為私欲雜念的障礙，自己把良知蒙蔽了。

陽明先生的致良知，就是要人不斷地去除私欲雜念的障礙，回到初心、回到嬰兒思維，這樣你就又能擁有如天淵般的智慧了。

孟子和陽明先生的這段話，有共鳴的學友可以自己體會一下。生活中有很多連幼兒園的小朋友都會的事，可是為什麼我們自己卻不會了呢？就是因為學識太多了、我執太強了，所以形成「理障」把良知遮蔽了。如果你能放下我執、破除理障，讓每一次思考都回到初心，回到嬰兒思維，那就簡單直接，無所不能了。

這就是陽明先生所說的「本體已復，便是天淵」。

所以，人應不忘「初心」，不受外在環境的影響，不畫地為牢亦不自我澎脹。才不會讓一片樹葉遮住了我們的雙眼，從而看不見那片廣闊的藍天。

4. 本來無一物，何處惹塵埃

尚謙問孟子之「不動心」與告子異。先生曰：「告子是硬把捉著此心，要他不動。孟子卻是集義到自然不動。」

又曰：「心之本體原自不動。心之本體即是性，性即是理。性元不動，理元不動。集義是復其心之本體。——《傳習錄》

薛侃問孟子所說的「不動心」與告子所說的「不動心」有何差別。陽明先生說：「告子的不動心是強行把心捉住，強制它紋絲不動。孟子的不動心則是通過不斷修養德性使心自然不動。」

陽明先生又說：「心的本體原本是不動的。心的本體便是性，性便是理。性原本不動，理也原本不動。不斷修養德性，即是復歸心的本體，致良知到自然不動。」

勝負之決，只在此心動與不動

所謂的「動心」，是指人因外在的遭遇而產生了不良情緒，然後又讓這種不良情緒遮蔽了內在的良知。

《大學》：心有所忿懥，則不得其正；有所恐懼，則不得其正。

當人心被忿懥、恐懼等不良情緒所遮蔽時，就如同一葉障目，即便是泰山這麼大的標的也看不見，更別說其它的了。

有弟子問陽明先生，用兵是不是有特定的技巧？先生回答：哪有什麼技巧，只是努力做學問，養得此心不動；如果非要說有技巧，那此心不動就是唯一的技巧。**大家的智慧都相差無幾，勝負之決只在此心動與不動。**

陽明先生舉例子說，當時和寧王朱宸濠對戰時，我們處於劣勢，我向身邊的人發布準備火攻的命令，那人無動於衷，我說了四次，他才從茫然中回過神來。這種人就是平時學問不到家，一臨事，就慌亂失措。那些急中生智的人的智慧可不是天外飛來的，而是平時學問純篤的功勞。

為什麼「此心不動」是唯一的技巧呢？因為不動心才能冷靜，冷靜才能沉著，沉著才能在危機來臨時，運用智慧，找出解決之道。正是這「不動心」的神祕力量，才讓陽明先生創建了光芒萬丈的不世之功。

很多時候，考試或比賽比拼的不單是考生、選手的實力，更是當事人的心理素質。就像陽明先生所說的，「大家的智慧都相差無幾，勝負之決只在此心動與不動」。尤其越是艱困的關鍵時刻，往往越能體現一個人的修為境界。

文天祥說：時窮節乃現。人與人之間不就是這點區別而已?!

大家都知道什麼是緊張，也都經歷過緊張的過程，但是這個過程的出現，往往是我們所無法控制的。因為人不是機器，不可能永遠按照既定的程式運作下去，我們的情感總會有波動，所以，人總會有失常的時候。

第五章
這個世界上會感冒的人，都是那些心中有弱點的人

那要如何避免這種情況的發生呢？

告子的方法是硬把心捉住，強制它紋絲不動；孟子則是通過不斷修身養性的集義功夫，使心自然不動。

以上述的例子而言，戰場上最怕軍心動搖，一旦士氣崩潰了結局往往是兵敗如山倒。

而在戰場上的不動心不外乎兩種方法：一、按告子的方法是：「敢有後退者，立斬不赦」，靠的是外部力量的震懾，強制使心不動；二、按孟子的方法則是：無數次從死人堆裡爬出來，把打仗看得像回家一樣平常的視死如歸，是心由內而外的自然不動。

心之本體原本不動，我們又何需外力來控制心之本體的不動呢？

那是因為心受私欲雜念之遮蔽蠱惑，從而導致人心神不定。

按照陽明先生的說法，只要我們平時「努力做學問」，事到臨頭時就能心如止水、不起雜念，自然「養得此心不動」，讓心復歸其本體「不動如山」之狀態。

其實天下本無事，一切的苦事、難事，都是你心裡的事。只要你的心夠大，這些事就像一粒沙落在心湖之中，不起任何波瀾。

第六章

從陽光明媚，走向萬丈深淵

1. 一念天堂，一念地獄
2. 務實之心不務虛名
3. 「攀比」也是「好名」的一種表現
4. 一切順其自然，不得一念留滯
5. 逐光景效驗不是工夫
6. 不執著過去，不畏懼將來
7. 平時把練習當比賽，到了比賽時就會像是在練習
8. 人要學會適應環境，環境不會來適應你
9. 快樂不是沒有問題，而是擁有處理問題的能力。──孟德斯鳩（Happiness is not the absence of problems but the ability to deal with them.）

1. 一念天堂，一念地獄

　　孟源有自是好名之病，先生屢責之。一日，警責方已，一友自陳日來工夫請正。源從旁曰：「此方是尋著源舊時家當。」先生曰：「爾病又發。」源色變，議擬欲有所辨。先生曰：「爾病又發。」因喻之曰，「此是汝一生大病根！譬如方丈地內，種此一大樹，雨露之滋，土脈之力，只滋養得這個大根。四旁縱要種些嘉穀，上面被此樹葉遮覆，下面被此樹根盤結，如何生長得成？須用伐去此樹，纖根勿留，方可種植嘉種。不然，任汝耕耘培壅，只是滋養得此根。」──《傳習錄》

　　孟源有自以為是、愛好虛名的毛病，陽明先生曾多次斥責他。有一天，先生剛剛批評過他，有位學友來陳述自己修習的近況，請先生指正。孟源在旁邊插嘴：「你現在的情況就像我以前一樣。」

　　先生說：「你的老毛病又犯了！」孟源臉色大變，想為自己辯解。

　　先生說：「你的老毛病又犯了！」於是借此開導他說：「這是你一生中最致命的病根。就好比方圓一丈的地裡種了一棵大樹，雨露的滋潤，土壤的肥力，只用來滋養這棵大樹的樹根，四周即使種上優良的莊稼，上面的陽光被樹葉遮蔽，下面的土壤為樹根纏繞，這些莊稼怎麼長得

好呢？必須砍了這棵大樹，把樹根清理幹淨，才可以種植好這些莊稼。要不然的話，任憑你再努力耕耘培土，也只是滋養那個樹根罷了。」

天堂到地獄有時只是一念之差，而有時則不到一分之別。

那年高中聯考我考得一塌糊塗。

一樣是總分700分的考試，那一年北區五專聯考我的成績是630幾分。而高中聯考的成績則只有578.5分。為什麼五專聯考成績連個位數都記不得，而高中聯考的成績卻連小數位都還記得這麼清楚呢？

因為那一年台南一中的最低錄取分數就是578.5分。這小數位的0.5分就是我人生中的轉捩點。

我想這大概是上天「暫時」還沒有要讓我完蛋的意思，所以讓我能以吊車尾的方式進入台南一中。

上天是公平的，祂在你努力過後會給你機會，但是在給你機會的同時，往往會再給你另一份考驗。

不是我不明白，是這世界變化快

原則上，考上第一志願應該是要心花怒放、興高采烈才是。但是，以最後一名考上那就不是榮譽，而是恥辱了。

我還清楚地記得，國三的最後一次模擬考，我的成績是全校第六名。

老實說，那是我模擬考成績第一次考進全校前十名。令人遺憾的是，我都還沒來得及享受那種感覺，國中生涯就在我毫無心

第六章
從陽光明媚，走向萬丈深淵

理準備的情況下，突然結束了。

而升上高中對我來說，最不習慣的一件事情就是：

我從原來的全校前十名，一下子變成了全校最後一名。在這種情況下，就算是超人、蜘蛛人或鋼鐵人，內心也會起變化，何況是普通人。

有人說人生就像登山，等你爬到山頂上時就可以逍遙自在了。但是等你翻過去才發現哪有什麼逍遙自在，一不小心就會直接從山頂掉到萬丈深淵。

麥哲倫航行地球一圈，證明了地球是圓的；而我則用自己的經歷證明，人生有時也是一個圓。當再次回到起點，國一時的苦難和煎熬又浮現在我的腦海，只是回首往事，往事卻不堪回首。

三毛說：「如果有來生，要做一棵樹，站成永恆，沒有悲歡的姿勢。一半在土裡安詳，一半在風裡飛揚；一半灑落陰涼，一半沐浴陽光；非常沉默非常驕傲，從不依靠從不尋找。」──《說給自己聽》

每個人的心裡都有一畝田，你可以在田裡種桃、種李、種春風。

但是陽明先生說，假如人有好名之心，那就像在心田裡種了一棵大樹，遮蔽了所有的陽光，你在樹下種什麼就死什麼。因為只要有這棵樹在，任憑你再怎麼努力去耕耘培土、澆水施肥，所有的養分都只能被那樹根給吸乾。

2. 務實之心不務虛名

先生曰：「為學大病在好名。」

侃曰：「從前歲自謂此病已輕，此來精察，乃知全未。豈必務外為人？只聞譽而喜，聞毀而悶，即是此病發來。」

曰：「最是。名與實對，務實之心重一分，則務名之心輕一分；全是務實之心，即全無務名之心。若務實之心如饑之求食、渴之求飲，安得更有功夫好名！」——《傳習錄》

陽明先生說：「做學問最大的毛病在於愛好虛名。」

薛侃說：「從去年開始，我覺得自己這個毛病已經減輕了許多，但是最近仔細體察，才發現完全不是那回事。好名僅僅是指向外與人爭排名嗎？只是聽到贊譽便開心，聽到詆毀就鬱悶，這就是好名的毛病在發作。」

先生說：「正是如此。好名與務實相對，務實的心多一分，好名的心就少一分；如果全是務實的心，就沒有一絲好名的心。如果務實的心猶如餓了要吃飯、渴了要喝水一樣迫切，哪有閒功夫愛好虛名呢？」

第六章
從陽光明媚，走向萬丈深淵

《傳習錄》中有兩篇令我印象特別深刻，因為這兩篇都講到了同樣的課題：好名。

　　為什麼我會對「好名」的篇章特別有印象呢？

　　可以這麼說，高中時在學校裡認識我的人，都是從全校最後一名開始的。

　　不知道是那一個天才發明的，南一中學生班級的座號和繡在制服上的學號，居然是以高中聯考的成績排序來編號的。

　　所以，每個老師一走進教室，一看點名簿就能一目了然，哪些是所謂的「好學生」，哪些是所謂的「壞學生」。

　　因此，每個學生一看你制服上的學號就能一望而知，你是「好學生」，還是「壞學生」。

　　學校按成績將人分成三六九等，這些你是不是也經歷過或正在經歷呢？

　　學校按照成績給學生排座號和學號是利還是弊呢？我們來簡單地分析一下：

　　可能有利的觀點：

　　一、是一種刺激「壞學生」進步的手段。（知恥近乎勇啊）

　　二、是對「好學生」的一種獎勵。

　　可能有弊的觀點：

　　一、對「好學生」帶來心理壓力。（三號的同學這次月考為何「只」考第五名呢？）

　　二、讓「壞學生」產生逆反心理，而自暴自棄。（算了，反正當初我考進來的成績本來就不好）

世界很大，青春很短，
不要瑟縮在一小塊陰影裡

成為吊車尾上榜的人，從光明面看，是上天的一種恩賜；往陰暗面看，則意味著一入學你就成為全校最後一名。更糟的是，如果說，班級的座號可以隨著升上二年級重新編班時而改變，那學號可是要和整個高中生涯相始終的啊！

見過欺負人的，但是沒見過這麼欺負人的！

這根本就是把人釘在恥辱柱上示眾了。

或許，學校只是想讓同學們可以提前感受一下個中三昧——聯考就是這麼殘酷，以分數看成敗、以成績論英雄。

但是，就像電影《三個傻瓜》裡所說的：「為什麼要把缺點公諸於眾呢？好比你缺鐵，醫生會給你開補鐵藥，但是不會到電視上說你缺鐵。」

人就怕鑽牛角尖，很多事情本來很簡單，但是當你自己關起門來，一個人拚了命往牛角尖裡鑽，就變複雜了。

問題是為了這種廉價自尊而賭氣甚至是抗爭，這不是神聖，而是發神經。此時稍有良知的人都知道，應該盡心竭力把書念好，而不是在這裡要面子、爭自尊。

這種自尊心一直是推動我前進的強大動力，但是這其實是把雙面刃。

從光明面來看，自尊心是一種上進心的表現；但是往陰暗面去看，過於強烈的自尊心則是一種惡念。

為什麼過於強烈的自尊心會是一種惡念呢？

德國哲學家叔本華說：「人性一個最特別的弱點就是，在意別人如何看待自己。」

第六章
從陽光明媚，走向萬丈深淵

其實這也是陽明先生所說「好名」的另一種表現。因為「好名」不僅僅是指向外與人爭排名，還包括對別人如何看待自己的患得患失。

在強烈的自尊心作祟之下，只是聽到讚譽便開心，聽到詆毀就鬱悶，那麼你的自信心是玻璃做的嗎？

「這一程，希望你活得烈馬青蔥，不為他人的目光所累」

一個有良知的人，從不活在別人的嘴裡，也不活在別人的眼裡。

事實上，越是強者，越不在乎別人的評價；越是弱者，越看重別人的看法。

所以，當你的內心受到外在的人、事、物影響時，你的重點應該放在自己內心的良知上，而不是影響你內心的外在事物上。這就好比說，馬車不跑時，你不是打馬車而是要打馬。

人生不如意十之八九，生活不可能只順不逆、只進不退，所以為人處世最重要的是保持一顆平常心。

順境時，有前進一寸的堅毅勇氣；逆境時，亦有後退一尺的從容淡定。

3. 「攀比」也是「好名」的一種表現

> 處朋友，務相下則得益，相上則損。——《傳習錄》
>
> 與朋友相處，務必要相互謙讓，才會受益，互相攀比、互爭高低的話，只會帶來損害。

子曰：「三人行，必有我師焉；擇其善者而從之，其不善者而改之。」

這句家喻戶曉的話，出自《論語・述而》。意思是：「幾個人在一起，其中必定有值得我學習的，要選擇別人的優點來仿效學習；看到別人的缺點，要反省自己有沒有，若有，要加以改正。」

人在與朋友的交往中，如果能採取虛心的態度，必定可以發現朋友的優點並把它「偷」過來，以資提升自己；但是，如果要互相攀比、互爭高低的話，只會帶來損害。

為什麼朋友之間容易產生攀比心理呢？

因為朋友、同學或同事是我們最具可比性的「對照組」。

政大心理系教授藍三印先生曾經說過這麼一個故事：

「我們學校以前做制服，從教授到工友，每個人都免費送一

第六章
從陽光明媚，走向萬丈深淵

套，可是不知道那一個天才想出來的點子，教授和職員的制服是白色的，工友的制服是藍色的……。制服的料子和款式一樣，價錢也一樣，但是顏色有別。結果工友群起抗議：「為什你們穿白色的，我們穿藍色的？」主辦人說：「要不然你們穿白色的，我們穿藍色的，這樣子好不好？」工友代表說：「不行，我們要和你們一樣！」

這世上有很多人喜歡「與眾不同」，但是有些人其實只想要「和別人一樣」。

在電影《三個傻瓜》裡說到，「在人類行為學課上我們曾經**學過，你的朋友不及格，你感覺很糟；你的朋友出類拔萃，你感覺更糟。」**

所以陽明先生說，同儕之間的比較，或許會成為你進步的動力，但更可能是相互傾軋的阻力。

地位越低下的人，越有其廉價自尊

為什麼「攀比」也是「好名」的一種表現？

因為攀比是人心理貧窮的體現。沒有自我的人，存在感只仰賴於別人的回應，對別人如何看待自己，則不可避免地患得患失。

幾年前我在F集團的子公司工作。那一年春節剛過，開工第二天晚上，公司董事長請幹部喝春酒。會前入座時，看到一個春節前才升級、剛剛夠資格來參加這場宴會的「小朋友」居然在跟總務計較，他應該坐第幾桌。當時他們部門的老大剛好在我旁邊，我就開玩笑跟他說：你給我一張折凳，要我到旁邊吃，我都沒意見，只要吃的菜和大家一樣就行了。（要不然坐在前面，我光是「被喝酒」就喝飽了）。

人有上進心，原是件好事。但是在朋友相處中，如果去攀比，就會帶來損害。

攀比的反義詞是知足，攀比讓人痛苦，相反地，知足則令人常樂。

所以，陽明先生說：「我們做功夫，只求每日減少，不求每日增加。減去一分人欲，便恢復得一分天理，多麼輕快灑脫、多麼簡單的功夫！」（「吾輩用功，只求日減，不求日增。減得一分人欲，便是復得一分天理，何等輕快脫灑！何等簡易！」——《傳習錄》）

人生在世，能生氣的，是自己；能爭氣的，也是自己。

能羨慕嫉妒恨的，是自己；能知足欣賞愛的，還是自己。

心中有光，眼裡才會有光；心中有愛，人生才能無礙。

4. 一切順其自然，不得一念留滯

先生嘗語學者曰：「心體上著不得一念留滯，就如眼著不得些子塵沙。些子能得幾多？滿眼便昏天黑地了。」

又曰：「這一念不但是私念，便好的念頭亦著不得些子。如眼中放些金玉屑，眼亦開不得了。」——《傳習錄》

陽明先生曾對為學之人說：「心的本體上不能存留一絲雜念，好比眼睛裡揉不得一點沙子。一點沙子能有多

第六章
從陽光明媚，走向萬丈深淵

少？但它卻足以使人昏天黑地了。」

先生又說：「這一絲雜念不單指私念，即便是好的念頭也不能有。好比在眼睛裡放一些金玉的碎屑，眼睛也一樣會睜不開。」

如果在意的話，便會成為心體上的累贅

電影《三個傻瓜》裡說到，「一出生就有人告訴我們，生活是場賽跑，不跑快點就會慘遭踩躪，哪怕是出生，我們都得和3億個精子賽跑。」

高一時我借住在台南嬤婆的家裡，入學的第一天，嬤婆告訴我：「你念南一中如果不考上大學的話，會比念高職還不如！」從那天起一直到大學聯考結束，這句話幾乎伴隨了我整個高中生涯。

其實當時他只是隨口說了說，但是我仔細思考了一下，發現他說得真對！

高職畢業，起碼還能學得一技之長；高中畢業，你連記帳都不會。

就在那一天，我明白了一個道理：在大學聯考這條不歸路上，只有「勝者為王，敗者為寇」的結局，絕對沒有「投降輸一半」這回事。

大部分的人正是在這種時代背景下，形成了自己的人生目標：在刀槍劍戟的聯考大道上，所謂致良知，就是先努力考上大學再說。

因為「念南一中如果不考上大學，會比念高職還不如！」所以我一定要努力拚搏。每天不斷地這樣提醒自己，然後鞭策自己要「努力學習，天天向上」這樣子可以嗎？

陽明先生說：「這樣也不好。雖然這個念頭是好的、出發點是對，但是正如眼裡放了些貴重的金玉碎屑，眼睛也一樣會睜不開。」

我們的心裡不但不能有自以為是、愛好虛名、互相攀比等負面情緒，就是積極進取、奮發向上……這些正面的念頭也不能留滯在裡面。就像眼睛固然容不得沙子，但是如有金屑、玉屑那些十分珍貴的東西落到眼睛裡，眼睛也會疼痛難忍一樣。

其實，從另一個角度來看，有時妨礙我們實現目標的正是目標本身。

心的本體原來空無一物。什麼都不放在心上，心才不會受累。無論是好的念頭還是私心雜念，只要有一念滯留，心就會不停地受刺激而翻攪波動，人就會很容易感到心煩意亂、心浮氣躁而心塞心累。

當你的心神不寧，專注力就會開始分散；專注力分散後，意志力就會開始減弱，接著是思維速度變慢，而行動速度又跟不上思維。人一旦沒有了專注力和意志力的支撐，處理事情就會變得力不從心。

壓力能讓煤炭變成鑽石，但是也可使其化為灰燼。

所以壓力固然有好處，卻也有壞處。

人人都忙忙碌碌地，在透支自己；人人都神經緊繃地，以致忘乎所以；人人都渾渾噩噩地，最後迷失了自己。

第六章
從陽光明媚，走向萬丈深淵

「戰略上忽視它，戰術上重視它」

《莊子》：「無不忘也，無不有也，淡然無極而眾美從之。」

這是說，當人達到物我兩忘的境界時，一切都無欲無求，但是只要自己想要，就沒有什麼是得不到的；心境雖然無限淡泊，然而許多美好的事物都能不請而來。

不用刻意去追求勝利，而是專注於努力，不斷地去努力做好眼前的事情。

只有當你努力到不覺得自己在努力時，才是最容易成功的時候。

5. 逐光景效驗不是工夫

問：「近來用功，亦頗覺妄念不生，但腔子裡黑窣窣的，不知如何打得光明？」

先生曰：「初下手用功，如何腔子裡便得光明？譬如奔流濁水，才貯在缸裡，初然雖定，也只是昏濁的。須俟澄定既久，自然渣滓盡去，復得清來。汝只要在良知上用功，良知存久，黑窣窣自能光明矣。今便要責效，卻是助長，不成功夫。」——《傳習錄》

問：「最近用功，亦頗覺妄念不再萌生，但內心仍是

漆黑一片，不知該如何才能使它光明起來？」

　　先生說：「你才剛開始用功，怎麼就想著內心馬上光明起來呢？就好比湍急奔流的渾濁之水，才剛倒入缸裡，雖然靜止不動了，也還是渾濁的。必須經過長時間的澄定後，水中的雜質才會完全沉澱下來，才能變成清水。（存心養性也是如此，）你只要在致良知上下功夫，良知存養久了，心中的黑暗自然能光明起來。如果你想馬上見效，反而是揠苗助長，不是真正的功夫。」

「按部就班是成功的唯一的捷徑」

　　這句話是NBA「空中飛人」麥克喬登（Michael Jordan）的成功祕訣，也是他留給世人最重要的箴言。

　　很多人看到這句話時，都會覺得這話說得一點也沒錯。可是在面對自己的欲望時，卻總是欲望戰勝了理智。

　　假如你覺得自己是因為「失常」才被打趴在地時，你會做些什麼？

　　當然是急著趕快爬起來找回面子。

　　所以說人一旦有了好名之心，就會務虛不務實，也就容易產生助長外馳之弊，只在面子上矯飾，而不在裡子裡下功夫，那就會離大道越來越遠。

　　事實上，不只急著找回面子的人想快速成功，在現實生活中，大部分的人都有急於求成，急功近利的人性弱點。

　　這是個速食的年代，各種成功學滿天飛，無不在告訴你成功

第六章
從陽光明媚，走向萬丈深淵

的捷徑，什麼事都講究快跑前進，快到你希望今天早上才學到的招式，下午就可以現學現賣展示成果：

我念政大時，發現一個有趣的現象，如果下午在政大河堤旁的籃球場鬥牛時，有一大堆人在場上使出五花八門的「怪招」，那就表示今天早上電視台剛剛轉播過NBA芝加哥公牛隊的比賽。

可是，即使再求快的年代，也需要一步步積累實力，隨著時間的積累，才能日起有功。絕不可能說你上午才在電視上學了喬登的絕招，下午你在球場上就可以飛簷走壁、飛天遁地。

「只有學會慢下來，你才能領悟到真正『快』的真諦」

這句話是NBA傳奇後衛傑森基德（Jason Kidd）給NBA後輩最重要的箴言。想要「快」，你得先學會「慢下來」，只有學會「慢」，才能領悟「快」的意義。

怎樣才能在戰爭中速勝對手呢？

《孫子・作戰》中說「兵聞拙速」。這一詞我們很少聽到，一般來說，我們聽到的大多是「兵貴神速」（《孫子・九地》）這個詞，說的就是用兵貴在行動迅速，打敵人一個措手不及。

曾國藩把「拙速」理解為不疾而速，我個人覺得這是最好的注解。

就像基德說的，「想要快，你得先學會慢下來」：

從打仗來說，拙速，就是準備要慢，出手要快。

就是說用兵「拙速」的前提是《孫子・始計》提到的「校之以計而索其情」，即戰前要先做好情報搜集及分析、判斷、謀劃的工作，這樣才能知己知彼，也才能一擊即中、速戰速決。

就學習而言，就是用十年寒窗無人問的苦讀，搏得一舉成名天下知的勝利。

俗話說：「台上一分鐘，台下十年功」，世上沒有毫無來由的橫空出世，那些在台上看似一夕成名的人，誰知道他在台下是如何地百鍊成鋼？

這就是陽明先生說的：「一缸濁水必須經過長時間的澄定後，水中的雜質才會完全沉澱下來，才能變成清水，任何事情如果你想馬上見效，反而是揠苗助長，不是真切的功夫。」

專注於努力，而不是專注於勝利

那什麼才是真切的功夫？

陽明先生說：「我們這些人現在用功，只是要使為善的心真切。這心真切，見善就會學習，有過就會改正，這才是真切的工夫。如此一來，人欲就日益消滅，天理就日益明朗。如果只在那裡尋求表面功夫，說表面效果，這樣反倒會助長了外求的弊端，不算是功夫了。」

所以，一個人在讀書時，如果老是想著如何才能儘快拿到高分、達成目標，這個雜念就是最大的弊端，就是使你沉不下心來學習的最大障礙，其結果反而會一事無成，古人說「欲速則不達」，就是這個道理。

相反地，你越是有耐心、心平氣和地循序漸進去做，就能順水推舟、順勢而為，讓自己做起事來得心應手，它就會完成得越完美。

第六章
從陽光明媚，走向萬丈深淵

6.不執著過去，不畏懼將來

問：「身之主為心，心之靈明是知，知之發動是意，意之所著為物。是如此否？」

先生曰：「亦是。」「只存得此心常見在，便是學。過去未來事，思之何益？徒放心耳！」

「言語無序，亦足以見心之不存。」——《傳習錄》

陸澄問：「身體的主宰是心，而心的靈明是知，知的發動作用是意，意所指向涉及的對象是物，是這樣子嗎？」

先生說：「也可以這麼說。」

先生說：「只要時刻存養本心，就是學習。過去和未來的事情，想它有什麼用處？這樣胡思亂想，只不過白白放失本來靈明的『本心』而已！」

先生說：「說話顛三倒四、語無倫次，也足以說明是沒有存養本心的緣故。」

　　徐庶原是劉備的軍師。他多謀善斷，料事如神，深得劉備的信賴。但是曹操卻用徐庶的母親當人質，再摹仿徐庶母親的筆跡寫信給徐庶，叫徐庶快快到許昌去。徐庶是有名的孝子，為了

母親，只得離開劉備，前去曹操那裡營救自己的母親。臨行前，徐庶對劉備說：「今已失老母，方寸亂矣，無益於事，請從此別。」

意思是說，現在母親被曹操抓去，自己內心已經亂了，對劉備而言現在的自己沒有用處，所以請求離開。

陽明先生說：「心是身體的主宰。」

心亂了，就好像井中的水面處在晃動的狀態中，什麼也看不清楚，所以人的心一旦亂了，再有能力也發揮不出來。

為什麼心學說「心外無物」呢？

因為按心學的語境：「物是意所指向涉及的對象」。而當你對一件事物漠不關心，不把你的意念指向此物，則雖然看見了，卻像沒有看見一樣，這種情況我們叫做「視若無睹」。

所以陽明先生認為學習很簡單，就是「時刻存養本心。

這和孟子所說：「做學問是為了把放失的心找回來。」（學問之道無他，求其放心而已矣。）是一樣的道理。

保持平常心，不執著過去，不畏懼將來，只專注於自己的內心，不讓思緒受外在環境的干擾而波動，這時人的思維才是最清晰的，人的能力才能正常發揮。正如井水只有靜下來才能如實地照映出天上的明月。

物來順應，未來不迎，當下不雜，既過不戀

這句話出自《曾國藩文集》，是曾文正公讀《周易》時有感而發。意思是說，做事要專注於事情本身，不憂慮未來的不確定性，既不參雜當下的情緒，亦不沉溺在過去的回憶。只跟隨自己的心，去做自己想做的事。

電影《三個傻瓜》裡的配角萊吉，每次考試前就不停地求

第六章
從陽光明媚，走向萬丈深淵

神拜佛，手上、脖子上戴著的珠寶甚至快壓死自己了，他故步自封，凡事都先求神拜佛。他的朋友主角蘭徹對他說：「你這麼害怕明天，又怎麼能過好今天？」

當你真正了解這句話的意思時，你會發現聖人之言和電影所說的竟有異曲同工之妙：人要活在當下，真正的活在當下，才不會被外在的一切所牽絆。

懼怕明天很累，後悔昨天更累。正如陽明先生所說的：「過去和未來的事情，想它有什麼用處？這樣胡思亂想，只不過白白放失本來靈明的『本心』而已！」

只有努力過好今天，才是對昨天最好的補償，對明天最好的展望，此時此刻就是最美好的時光。

珍惜現在的每一刻活在當下、且行且珍惜，而不是執著過去或者恐懼將來。

尼采說：「每一個不曾起舞的日子，都是對生命的辜負。」

人應該時時把握當下，用心去追求人生的真諦，努力去做最好的自己，這樣才不會辜負美好的人生。

佛家的最高境界是「放下我執」，因為這世上最難放下的是執念。

大部分的人都有一種慣性思維，而喜歡沉溺於過去是人性中最不智的缺點之一。

所謂「境由心生」，人生中很多煩惱，其實都是我們自己想得太多。所以，不要執著於和自己較勁，時刻存養本心才能讓自己的內心歸於平靜。

7. 平時把練習當比賽，
到了比賽時就會像是在練習

　　問：「靜時亦覺意思好，才遇事便不同。如何？」

　　先生曰：「是徒知靜養，而不用克己工夫也。如此，臨事便要傾倒。人須在事上磨，方立得住，方能『靜亦定，動亦定』。」——《傳習錄》

　　陸澄問：「平常沒事靜守時感覺良好，但是一遇到事情就不一樣了。為何會如此？」

　　先生說：「這是因為你只知道在靜守中涵養，卻不知道努力去做克制私心雜念的功夫。這樣一來，真要遇上大事你就會自亂陣腳。人必須在事上磨煉自己，這樣才能站得穩，才能達到『無論靜守還是行動，都能保持內心安定』的境界。」

　　那麼我們該如何存養本心，不讓不良的情緒干擾我們的心呢？

艱難困苦，正是對心性的最好磨礪

「無敵是多麼，多麼寂寞。無敵是多麼，多麼空虛。」──
《無敵》周星馳

這滋味大概只有韓國女子射箭隊最懂得。她們在里約奧運
中完成了該項目「八連霸」，某韓國網站甚至直接稱其為獨孤求
敗。

為什麼韓國女子射箭隊這麼強呢？

除了舉國體制的人才培養，悠久的歷史傳統，廣大的群眾
基礎，殘酷的選拔制度及獨具一格的訓練方式外，南韓《朝鮮日
報》及《中央日報》還揭露了南韓射箭隊成功的祕訣：膽識訓
練，是南韓射箭隊多年來的傳統。

總的來說，射箭是一個心理素質遠大於身體素質的運動。為
了提高準國手的適應能力和心理素質，韓國射箭教練們也是花招
百出。

此前有傳說，教練會把毒蛇放入射箭運動員的衣服。

1992年巴塞隆納奧運團體金牌選手李恩慶說：「韓國教練員
還會『捨身』陪練，他們冒著中箭的危險，站立或坐在靶心旁邊
讓隊員射箭，要求射手必須具備超級沉穩的心態。若無法克服練
習的緊張考驗，大概在正式比賽也無法射出好成績。」

韓國的射箭教練會讓運動員半夜穿越墳地；他們在陸軍政戰
學校培訓，由助教扮鬼，暗夜跳出來嚇人。

就是這一連串的「嚇破膽」訓練，才能讓韓國女子射箭隊進
入「靜亦定，動亦定」的狀態，無論任何情況下都能不為外物所
動。

陽明先生說，若只是一味好靜，一遇事就會慌亂，則功夫始終不會有長進。那靜時的功夫，表面上看是收斂，實際上卻是放縱沉淪。

按照這個思維，那些大門不出、二門不邁，整天「只想安靜地做個美男（女）」的阿宅們，表面上看是安分守己，實際上卻是放縱沉淪。

真正的安靜，需要經得起「泰山崩於前而色不變，麋鹿興於左而目不瞬」的考驗。要不然一遇事故就茫然無措，一遇挫折就自亂陣腳，還如何「安靜地做個美男（女）」呢？

那要如何才能擁有這種修為和境界？

陽明先生說：人須在事上磨，方立得住，方能「靜亦定，動亦定」。

很多人修行只知靜守，這在陽明先生看來是經不住重大事情的考驗的。

真正的內心強大必須在做事上磨練，才能站得住腳；才能做到在書桌前能從容淡定，在比賽中也能安然自若。

第六章
從陽光明媚，走向萬丈深淵

8. 人要學會適應環境，
   環境不會來適應你

　　問：「寧靜存心時，可為『未發之中』否？」

　　先生曰：「今人存心，只定得氣。當其寧靜時亦只是氣寧靜，不可以為『未發之中』。」

　　曰：「未便是中，莫亦是求中功夫？」

　　先生曰：「只要去人欲、存天理，方是功夫。靜時念念去人欲、存天理，動時念念去人欲、存天理，不管寧靜不寧靜。若靠那寧靜，不惟漸有喜靜厭動之弊，中間許多病痛只是潛伏在，終不能絕去，遇事依舊滋長。以循理為主，何嘗不寧靜？以寧靜為主，未必能循理。」——《傳習錄》

　　陸澄問：「一個人靜處，存心養性時，可稱得上是『未發之中』嗎？」

　　先生說：「現在的人存心養性，只是能稍微定得住氣。當他安靜時也只是氣的安靜，不能妄稱為『未發之中』。」

　　陸澄說：「喜怒哀樂等情緒未發出來便是『中』，莫非保持這種『未發』的狀態也是求得『中』的境界的功夫？」

> 先生說：「只有去人欲、存天理才可稱為功夫。也就是寧靜時念念不忘去人欲、存天理，行動時念念不忘去人欲、存天理，而不去管它寧靜不寧靜。如果只靠寧靜來存養天理，不但漸漸會有喜靜厭動的毛病，中間還會有其他許多毛病潛伏在心裡，始終不能清除掉，一旦遇到事情依然會滋長。若以遵循天理為重，心裡怎麼會不寧靜呢？但如果以追求寧靜為重，卻未必能遵循天理。」

主場一條龍，客場一條蟲

人在書桌前悠閒地喝著咖啡、安靜地聽著古典樂，此時的從容淡定可以稱得上是「未發之中」嗎？

別逗了，這只是氣的安靜，不能妄稱為「未發之中」。只有當「泰山崩於前而色不變，麋鹿興於左而目不瞬」才可稱為「未發之中」。

就好比一個職業球員，只能在主場、例行賽大發神威，可以稱之為王牌嗎？

別鬧了，這只是偽王牌。只有能在客場、季後賽大殺四方的人，才能稱得上是王牌中的王牌。

旅美強投陳偉殷2018年球季在MLB的防禦率：在主場為1.62，在國聯先發投手中僅次於塞揚獎得主大都會狄葛隆的1.54；在客場卻暴漲到9.27，落差達7.65，已成大聯盟紀錄，這幾乎是本季最大謎團。

陳偉殷自承，「我們試著找出原因，但就是沒有答案。」總教練馬丁利也說：「他在客場的表現無法解釋，但這是他必須克

服的問題。」

舒適圈會讓你「溫水煮青蛙」，
一步步安於平庸

我們常說，「生容易，活容易，生活不容易」。

至於離鄉背井的生活，那就更艱難了。

那一年到了下學期，離家求學的各種不適應狀況已經非常明顯了，所以我媽得出了一個結論：「**南一中如果在我們家隔壁的話，你就可以念得很好。**」

因為「如果學校在我家隔壁，我就可以念得很好。」所以要學「孟母三遷」，舉家搬到南一中附近，或是直接轉學到離家近的學校就好嗎？

陽明先生說，這樣也不好。

先生認為，想要內心真正的強大，就必須在事上磨練「去人欲、存天理」。

也就是在家時念念不忘「去人欲、存天理」，出外時念念不忘「去人欲、存天理」，而不去管它是主場還是客場，或學校到底在不在你家隔壁。

為什麼「只有去人欲、存天理才可稱為功夫」呢？

成功學大師拿破崙‧希爾說：人的缺點就如同花園裡的雜草。雜草不需培植照樣生長，所以如果不及時清除，它們很快就會占領整座花園。

假如人只是窩在溫室或舒適圈裡取暖，不但久了會變成溫室裡的花朵，而且你原來的毛病、缺點只是被隱藏、潛伏起來，並沒有被根除或解決。等到有一天你離開溫室，再遇到了事情，這

些毛病、缺點依舊會爆發。

　　一般人遇到問題時，往往會選擇「當下」趨利避害的路，雖然暫時迴避了眼前的問題，但是把短期問題拖延到最後，反而會造成無法解決的沉痾。

　　一直挑最容易的路走，最後往往會無路可走。

　　所以陽明先生是不會同意我媽這句話的。

　　一個真正的強者，能以遵循天理為主，到哪裡都能活得很好，在哪裡都是自己的主場，去哪裡都是快樂天堂。

溫室的苗木，註定長不成參天大樹

　　俗話說：環境決定習慣，習慣決定性格，性格決定命運。

　　大部分的人都喜歡「在家千日好」的日子，但是如果你喜歡窩在舒適圈，那麼你就無權抱怨你的命運。

　　一個未曾獨立的孩子，就好像一隻圈養的雞，不管是叫「飼料雞」、還是「白斬雞」，都註定飛不過庭院的圍籬。

　　「你被什麼保護，就被什麼限制。」

　　總有一天你會發現，可以給你遮風擋雨的，同樣能讓你不見天日。

　　所以人應該努力去事上磨煉，讓自己變得更強大，強大到在任何環境中都能如魚得水。

　　離鄉背井時的心，就應該是在家時的心；在客場做戰時的心，就應該是在主場做戰時的心。

　　靜時的心就應該是動時的心，那麼動時的心就會是靜時的心。

　　在練習時把練習當做是比賽，那麼等到比賽時就會感覺像是在練習。

9. 快樂不是沒有問題，而是擁有處理問題的能力。——孟德斯鳩

（Happiness is not the absence of problems but the ability to deal with them.）

　　君子之學終身只是「集義」一事。義者宜也，心得其宜之謂義。能致良知則心得其宜矣，故「集義」亦只是致良知。君子之酬酢萬變，當行則行，當止則止，當生則生，當死則死，斟酌調停，無非是致其良知，以求自慊而已。故「君子素其位而行」「思不出其位」。凡謀其力之所不及，而強其知之所不能者，皆不得為致良知。——《傳習錄》

　　君子之學終身只在「集義」這一件事。義者，宜也，心能夠處事得宜謂之義。能致良知，心就會處事得宜，所以「集義」也就是致良知。君子待人接物、應對種種事變，該做就做，該停就停，該生就生，該死就死，斟酌協調無非都是致其良知，以求得心安理得。所以「君子素其位而行」、「思不出其位」。凡是謀求自己力所不及的事情，強做自己才智達不到的事情，都不是致良知。

「自慊」是儒學中很重要的一個詞，出自《大學》：「所謂誠其意者，毋自欺也。如惡惡臭，如好好色，此之為自慊。故君子必慎其獨也。」

意思是：所謂的誠意，就是不自欺，就好像厭惡臭味、喜歡美色一樣，這就叫自慊，所以君子必定是慎獨的。

說到修身、修心，一般人的第一印象就是苦事、難事。

之所以會有這種錯覺，大概是因為人往往是在遭遇重大挫折或走到山窮水盡時，才會想到要修行。

但是，如果你真的了解「自慊」的意思，就會明白這種想法其實是錯誤的。

「慊」是滿足，「自慊」就是自我滿足，說得更生活化點便是自在舒適。

陽明在此明確地說：「務致其良知，求自慊而已矣。」

看到這裡可能有很多人覺得自己快要精神分裂了。

前面不是才說：「舒適圈會讓人溫水煮青蛙，一步步安於平庸」，怎麼這裡卻說致良知就是求自慊，也就是求自在、求舒適呢？

這是因為舒適有兩種，而這兩種舒適是同中有異的，有異的那點才是關鍵。

舉個例子來說，你在咖啡店裡喝著咖啡時的怡然自得，和「泰山崩於前而色不變」的怡然自得，雖然表面上看起來都是舒適的表現，但是本質上是完全不一樣的。

前者的從容就像嫋嫋升起的炊煙，一旦遭遇強風吹拂，轉瞬即逝；而後者的淡定則有如高山大江，那般悠遠綿長。

第六章
從陽光明媚，走向萬丈深淵

自慊不僅在鄉間小路上

高一那一年，我老是記不住課本上那些英文單字。

但是國中時背英文單字對我而言，從來就不是個問題，不但不是問題，而且還是一件既輕鬆又寫意的事！

「你輕鬆就算了，背個單字那來的寫意呢？」

因為那時我是這麼做的：一般我會先在家裡把新課程的生字抄寫下來，然後就帶上這張小抄，騎著腳踏車出去兜風。

就在那條鄉間小路上，我跟清風握手，又和小鳥say hello，一邊在心裡默背這些剛抄寫過的英文生字，那時的我處於一種極度放鬆，卻又高度專注的狀態，那是一種「不思而得、不勉而中」的自慊境界。

如果遇到有不熟的單字，就隨手把口袋裡的小抄拿出來看一下，然後接著再背下去。通常在這條小路上騎一圈大概十幾二十分鐘，回到家時那一課的英文生字就已經背完收工。

直到上了高中離開家後，沒有了那一條鄉間小路，也就沒有了那樣的自慊舒適。

光不僅在燭上

一個叫徐樾的弟子，和陽明先生見面。

徐樾還處於陽明心學的初級階段——靜坐。他確信在靜坐中理解了陽明心學，得到了真諦。陽明先生就讓他舉例子說明，徐樾就興奮地舉起例子來，他舉一個，陽明先生否定一個。這樣舉了十幾個，已無例可舉，徐樾相當沮喪。

先生指點他道：你太執著於事物。徐樾不理解。先生就指著船裡蠟燭的光說：「這是光。」在空中畫了個圈說：「這也是

光。」又指向船外被燭光照耀的湖面說：「這也是光。」再指向目力所及處：「這還是光。」

徐樾先是茫然，但很快就興奮起來，說：「老師我懂了。」陽明先生說：「**不要執著，光不僅在燭上**，記住這點。」徐樾拜謝而去。

就像「慎獨」的「獨」不在自己獨自一人這個相，而是己所獨知的地方——也就是內心；同樣的道理，「光不僅在燭上」，**只要你心中有光，那麼你目光所及便無處不是光，這就是陽明先生告訴我們的**，「自慊」也不僅在那條鄉間小路上。

也就是說，那年我一直在尋找的其實並不是一條鄉間小路，而是走回自己內心的道路。

第六章
從陽光明媚，走向萬丈深淵

第七章

山窮水盡也是
該看的風景

1. 輸不丟人，怕輸那才丟人

世以不得第為恥，吾以不得第動心為恥。

1496年，陽明先生在會試中再度名落孫山。有人因為落榜而嚎啕大哭，陽明先生卻無動於衷。大家以為他是傷心過度、大悲無言，於是都來安慰他。

陽明先生臉上略過一絲絲的苦笑說：「你們都以落榜為恥，我卻以落榜而動心為恥。」

大陽底下沒有新鮮事，一切都是輪迴

「歷史總是驚人地相似，但是相似並不等於簡單的重覆」。

同樣在一開始就跌到谷底，但是和國二時的「觸底反彈」不同，這一次我直接從谷底再跌落到「地獄」。

其實我不太想回憶起那段艱苦的日子，比如留級這件事。

我只記得那時的情況就像是多重併發症爆發，然後引起了多重器官衰竭，最後就像一場蓄勢已久的雪崩，傾瀉而下，放眼望去每一片雪花，都是災難。

表面上看起來，當時我被當掉的是英文、數學和地理的學科成績；但是只有我自己心裡明白，那一年我真正不及格的，其實

是適應環境、面對挫折和抗住壓力的逆境商數。

心態決定狀態，眼界決定境界

有人說：「絕望並不可怕，比絕望更可怕的是——給了你希望，然後再從你手上奪走。」

事實上，比起留級重讀這件事，更可怕的是——我的心態垮掉了。

莊子說：「哀莫大於心死。」

這世上最難拯救的是人心，因為「心外無理」。一個人如果心死了，心外就什麼都沒有了。所以身臨絕境並不可怕，真正可怕的是心如死灰。

有點常識的人都知道：打勝仗時並不能完全顯示一支軍隊的素質，軍隊在戰場被打敗之後，能敗而不潰、潰而不散，能重新組織、再次投入戰鬥的能力，才能真正彰顯一支軍隊的素質！

同樣的道理，一帆風順時也不能完全顯示一個人的素質。「時窮節乃見」，只有當一個人走到山窮水盡時，能重新振作、再次奮起，然後一步步地走向柳暗花明，才能真正彰顯一個人的素質！

所以，要考驗一個人的修為，最簡單的方式，就是給你希望，然後再讓你的希望破滅。如果這時你還能不動心，那麼恭喜你，你已經得道了。

古人所謂的修為是指一個人的修養、素質、涵養、造詣等。用現代的語境來說，就是內心強大、高情商，也就是軟實力。

人的實力又分為硬實力和軟實力，硬實力是有形的，是可以客觀證明的能力，對學生而言，如學歷、專業證照、學習成績

第七章
山窮水盡也是該看的風景

等，是一個人能力高低的外在體現。而軟實力則是難以估量的能力，比如獨立思考能力、反向思維能力、處理壓力或是挫折的能力等等，是一個人修為高低的內在體現。對於一個人的成長而言，往往無形勝有形，軟實力比硬實力更重要，而軟實力實際上就是情商能力。

所以「落榜」是指硬實力不及格，「以落榜而動心」則是軟實力不過關。

明儒高攀龍說：「人不患無才，識進則才進。」

這意思是說，一個人不用擔心沒有才能，只要意識提升了，才能也會跟著水漲船高。（這其實有點像佛家所說的「**轉識成智**」，只要能抵達心性本體，種種磨難皆可成為智慧。）

換言之，一個人不用擔心沒有硬實力，只要軟實力進步了，硬實力也會跟著提高。

陽明先生說：「世人都以落榜為恥，我卻以落榜而動心為恥」，就是這個道理。

因為「心外無事」、「心外無理」，只要「此心不動」，所有的失敗，都只是暫時的不成功而已。

所以，輸什麼不能輸心態；敗給誰都不能敗給自己。

敗給自己，你就徹徹底底地敗了。

2. 面對它才能接受它、 處理它、放下它

又曰：「諸君功夫，最不可助長。上智絕少，學者無超入聖人之理。一起一伏，一進一退，自是功夫節次。不可以我前日用得功夫了，今卻不濟，便要矯強做出一個沒破綻的模樣，這便是助長，連前些子功夫都壞了。此非小過，譬如行路的人遭一蹶跌，起來便走，不要欺人，做那不曾跌倒的樣子出來。──《傳習錄》

陽明先生又說：「大家用功時，尤其不可揠苗助長。天資卓越的人很少，大多數為學之人沒有一步登天即入聖人境界的道理。起起伏伏、進進退退，本來就是下功夫的次序。不能因為我前些日子用功了，今天卻不管用，就要勉強裝出一副沒有破綻的樣子，這就是揠苗助長，這樣做會把以前的那點功夫也給敗壞了。這不是小錯，就好比一個走路的人，不小心摔了一跤，爬起來接著走就對了，而不要自欺欺人，裝出一副沒有跌倒過的樣子。

第七章
山窮水盡也是該看的風景

「世界上有兩種痛苦，一種會痛，另一種會改變一個人」《私刑教育2（The Equalizer 2）》

「輸不丟人，怕輸那才丟人」。

話雖然是這麼說，可惜人都有逃避痛苦的本能。

名作家劉墉在文章〈從「前世」逃到「今生」〉裡面有一段是這麼寫的：

記得我有位初中一年級的同班同學，功課太濫，留了級，他居然申請退學。

過了許久，才有同學發現，他轉入一所私立中學。但是當大家跟他聯絡，他居然冷冷地，躲著我們。

後來知道，他在那私立中學總是名列前茅，大家都笑說：

「看！我們好學校的留級生，到那爛私中，也能拿第一。」

直到他以第一志願考上高中，大家才知道——從走出我們公立初中的那一天，他就完完全全改變了。他開始拼命用功，他的新同學對他刮目相看，沒有人知道他的「過去」，連他自己都把過去遺忘，包括我們這些「知道他過去的同學」。

在這方面，我的演技算是非常到位的了。

那幾年，我的國中同學，沒有一個人知道我留級這件事。因為從我留級那天起，我就切斷了和所有國中同學的關係，把「過去」完全忘記。

月有陰晴圓缺，功夫有起伏進退，否極泰來的定律誰也無法抗拒。

人不是機器，不可能永遠按照既定的程式運作下去，所以人有巔峰、有低潮。我是人，所以我有巔峰，同樣也有低潮。

陽明先生告訴我們，要順應事物的規律，不能有助長之心：低潮時要敢於承認失敗、接受自我，不可自欺欺人。

其實「走過彎路並不可怕，失敗了也不可怕，可怕的是忘卻了最初的夢想，放棄了最初的希望」。

面對它、接受它、處理它、放下它——聖嚴法師

心理學家說，人有逃避痛苦的本能。因為直面傷疤，從來不是一件容易的事。就像第六和第七這兩章，我就是放在最後才寫的。

但是正如英國戰時首相溫斯頓・邱吉爾所說的：「你不面對現實，現實就會面對你。」這世界往往是你越不敢面對的，就會越放肆地干擾你的生活。

你只有流著淚去面對它，擦乾淚去總結它，逆著風去超越它，才能一步步戰勝它，從而得到真正的平靜和美好。

莊子說：「北冥有魚，其名為鯤。」（《逍遙遊》）

鯤之大，一鍋燉不下。化而為鳥，其名為鵬。鵬之大，需要兩個烤肉架。

其實不管是在鍋裡燉，還是在架上烤，都是一種淬煉。

就像鳳凰浴火一樣，雖然要經歷烈火的煎熬，卻能使其脫胎換骨、涅槃重生。因為經歷苦難的淬煉正是一個人化蛹成蝶、化鯤為鵬的必經歷程。

第七章
山窮水盡也是該看的風景

人在江湖飄，那能不挨刀；
常在河邊走，那能不溼鞋

　　名作家侯文詠說：「輸贏與成敗都只是遊戲的一部分，而人生美麗，時間寶貴，沒有人會因為跌倒而覺得挫折，更沒有人願意坐在陽光下哭泣，我們彼此微笑，因為我們快樂的心情洋溢。」

　　跌倒了很正常，誰沒跌倒過呢？

　　輸不起也很正常，誰又喜歡失敗的感覺呢？

　　但關鍵是：等你心情平復下來後，你應該要思考的是：失敗的原因是什麼？下一步應該怎麼走？

　　只有當你坦然去面對它時，才能勇敢地接受它、智慧地處理它、從容地放下它。而當一個人能雲淡風輕地去描繪自己生命中不能承受之輕時，那大概就是真的放下了吧。

3. 過能改之善莫大焉

> 　　侃多悔，先生曰：「悔悟是去病之藥，然以改之為貴。若留滯於中，則又因藥發病。」——《傳習錄》
>
> 　　薛侃經常後悔，陽明先生說：「悔悟是去除心病的良藥，然而以改正錯誤為貴。如果老把悔恨滯留在心中，則又是因藥生病了。」

前面提到，解決問題的最好方法是：面對它、接受它、處理它、放下它。

陽明先生也說，悔悟改過之心是解決問題、完善自我的良藥。但是，如果人總是往牛角尖裡鑽，老是把悔恨滯留在心中，那麼久而久之就會變成自我否定，最終導致自我傷害。

「你無法從逃避人生中竊取安寧！」《此時此刻》

國學大師林語堂：「道家及儒家是中國人靈魂的兩面，中國的文人很幸福，往往得意的時候是個儒家，失意的時候是個道家，到了絕望的時候就是個佛家。」

於是逃避就成了一個最容易的選項。

我逃、我逃、我拚命地逃，最後我還把逃避美化成「草食」和「佛系」。

「佛系」的中心思想是無所謂，是一種怎麼都行、看淡一切的思維邏輯和生活方式。

偶爾「佛系」代表的是一種隨遇而安、自我調適的方式，比如詩佛王維的《終南別業》所說的那種心境。

但是現今社會上所說的「佛系」其實並不是真正的「佛系」，更多只是任性的逃避。問題是逃避問題、放飛自我，這樣的「佛系」真的可以換來真正的自在嗎？這樣的「佛系」就像陽明先生說的，只是一味好靜，一遇事就會慌亂，表面上看是與世無爭，實際上卻是放縱沉淪。

第七章
山窮水盡也是該看的風景

老師，我想轉學

那段時間裡，我掉進自責的泥淖，開始逃避現實，甚至有過轉學的想法。

那時有幾所私立高中寄了轉學考試的資料給我，只要能通過考試就讓我轉過去升二年級，其中屏東有一家私立高中甚至不需要考試，只要我肯去念就讓我升二年級。

不過現在想起來我還真是納悶，這些人是怎麼有我的資料的呢？

「萬事起頭難，此時正是關鍵時刻，一定要堅持住，不可功虧一簣。惱羞成怒之下轉學看似堅強決絕，其實不過是一種變相的逃避。這世上多少聰明人，就因為半途而廢，最後反而一事無成！」這是當時吾師所給我的教誨。

就在那一刻，我有一百萬個選擇：

要生存，還是毀滅；

該坐下來休息，還是在寒風中搖曳；

該安靜地離開，還是該勇敢地留下來。

如果人生每一個當下都有選擇的機會，

我只想聽從自己內心的聲音，因為心從來都不會騙我。

世上沒有後悔藥，只有對現在的珍惜，才是對過去最好的補償

後悔是一種最沒用的負面情緒，不但於事無補，還可能導致人原有的潛能受到壓抑。

真正有用的思維模式，應該是改過。

既然事已至此，既然一切無法挽回，那就應該去思考接下來怎麼彌補，該如何逆轉。

人生不如意十之八九，失意是人生的常態。但是，一個人如果只會生氣卻不爭氣，只會悔過卻不改過，這才是最可悲的。

名作家席慕容說：「挫折會來，也會過去，熱淚會流下，也會收起，沒有什麼可以讓我氣餒的，因為，我有著長長的一生，而你，你一定會來。」──《槭樹下的家》

人生是場馬拉松，一時的跌倒或短暫的落後根本算不上什麼。

在人生的旅途中、在聯考這條不歸路上，我學著履僕履起，最終才明白一個道理：「寶劍鋒從磨礪出，梅花香自苦寒來」。

人只有履敗履戰──不斷地被打倒、再不斷地爬起來，才能鑄就一股鋼鐵般的意志。

而一直站在山頂上的人，突然有一天遭遇失敗，玻璃心承受不了挫折，則只能從「東方不敗」變成經不起一敗。

這就像一個資優生，從小到大一直名列前茅，最後因為一時受挫而想不開是一樣的道理。

時光荏苒、歲月如梭，當你有天驀然回首時發現：當初放不下的，如今都放下了；當初過不去的，如今都過去了。

那一天，你終於能夠和年少時的自己握手，跟自己的青春和解。

第七章
山窮水盡也是該看的風景

4. 自省不是為了「文過飾非」

　　人有過，多於過上用功，就是補甑，其流必歸於文過。──《傳習錄》

　　人有過錯，大多都是在過錯上下功夫，就好像修補破舊的瓦罐一樣，其弊端必然是文過飾非。

　　大部分的人都不願意讓別人失望，越是自尊心強的人，越不願意承認自己的錯誤和失敗。

　　《灌籃高手》中湘北對山王之戰，湘北為什麼在下半場一開始不到五分鐘就落後了二十分？簡而言之：

　　一、下半場一開始，在山王突如其來的全場壓迫性防守下，喪失了專注力與平常心，不斷地失誤，甚至無法將球帶過半場。

　　二、在中鋒對決中，山王的大河田在攻防兩端，都對湘北的赤木進行了全方位輾壓。而赤木在一而再、再而三、三而四……不斷地被打爆後，心態整個垮掉了。

　　三、在接下來流川與澤北的王牌對決中，流川對澤北共有六次個人進攻，均被澤北搶斷、封阻……，流川雖然不願意承認自己的失敗，但是一樣在攻防兩端被澤北無情輾壓。

　　就在此時，湘北叫暫停換下櫻木，安西教練讓櫻木回到板凳

上「看球」，櫻木以為教練已經「放棄」比賽，對他的話充耳不聞……。

而恰恰是這個在球隊落後22分時，在場下「看球」的球員，在重新回到場上後，**改變了整個比賽的氛圍，並在倒數五分鐘時逆轉了比賽走勢，最後還投進了絕殺球。**

每當我重溫這一段時，都會熱血沸騰、熱淚盈眶。

行到水窮處，坐看雲起時

這是詩佛王維的《終南別業》，全詩為：

中歲頗好道，晚家南山陲。
興來每獨往，勝事空自知。
行到水窮處，坐看雲起時。
偶然值林叟，談笑無還期。

意思是說他人到中年後，喜歡求道（在此指佛法）。住在終南山，興致來了就自己一個人四處走走。走到水流窮盡的地方，就坐下來抬頭看看雲起。偶然碰到了山中老農，相談甚歡，忘了歸去。

這是我非常喜歡的一首詩，對它有很深的感觸。

人生旅程中，你常常會覺得自己已經用盡全力，卻徒勞而無功，一再的失敗和挫折令你感到山窮水盡，但是就在你快要絕望、準備放棄的時候，一個偶然的機緣給了你一個啟發，然後你躍上了一個新的人生境界。

第七章
山窮水盡也是該看的風景

都已經陷入困境了，為什麼要坐，而不是走甚至是跑呢？

因為坐，是為了等待，求道的人都懂得順勢而為。所謂「潛龍勿用」，時運不濟時，是龍你也得盤著，是虎你也得趴著。這種深富禪意的智慧其實就是我儒所說的「君子居易以俟命」，在深陷困境時，能保持平常心，默默地蓄積實力，順應局勢的變化，以等待時機的到來。

那為什麼要看雲呢？

行到水窮處時你有兩種選擇：一是抬頭望天，看到的是藍天白雲；二是低頭看地，看到的是積水爛泥。

《菜根譚》的作者洪應明有幅對聯：

「寵辱不驚，看庭前花開花落；
去留無意，望天空雲卷雲舒。」

意思是說，為人處世若能把寵辱看作花開花落般平常，就能遇事不驚；權位富貴如能把得失視為雲卷雲舒般變幻，就能坦然無意。

雖然寥寥數語，卻契合了王維這首詩的禪意：花開花落，雲卷雲舒，萬事萬物都有自己的規律，就像人生一樣，有起有落。即使覺得走到絕境之時，也要給自己一份希望，如果用這種豁達坦然的心來看待絕境，則處處都有活路。

在那裡跌倒就在那裡躺下。但是，躺下並不是放棄，而是休息。地球人都知道「休息是為走更長遠的路」！安西教練讓櫻木

回到板凳上「看球」就是這個道理。

這也是吾師當年所給我的教誨：如果沒有那個能力，就算勉強升級，到了聯考時也只有等著被K.O.的命運。

休息一下，不要急著想進行Round 2。當一個人失去冷靜時，智商可能連幼兒園的小朋友都還不如。

平復一下心情、養足一下精神，思考一下方向後再爬起來。

跌倒時急著爬來，有時並不是勇敢，而是逞強、沉不住氣，如此而已。

陽明先生說，可惜人都有一種竭力捍衛自己的「逆反心理」，這種心理的弊端就是「文過飾非」。

犯錯了、失敗了不去反省自己錯誤的地方、失敗的原因，反而想方設法來掩飾，企圖讓別人看到自己「完美」的假像。

然而，假像畢竟只是假像，不但無法改正自己的缺失，甚至可能因而犯下無法挽回的錯誤。

說穿了，這都是自己用錯了改過的方法所致。

第七章
山窮水盡也是該看的風景

5. 挫折經歷太少，
才會覺得雞毛蒜皮的小事都是煩惱

> 澄嘗問象山在人情事變上做功夫之說。
>
> 先生曰：「除了人情事變，則無事矣。喜怒哀樂非人情乎？自視聽言動，以至富貴貧賤、患難死生，皆事變也。事變亦只在人情裡。其要只在『致中和』；『致中和』只在『謹獨』。」——《傳習錄》

> 陸澄曾經就陸九淵在人情事變上下功夫的說法向陽明先生請教。
>
> 先生說：「世上除了人情事變，就再沒有什麼事了。喜怒哀樂等情緒難道不是人情嗎？從日常生活中的視、聽及言行舉止，到人生中的富貴貧賤、患難死生，都是事變。這些事變也只在人情裡體現，關鍵是要維持自己心境的『中正平和』；而要維持自己心境的『中正平和』，關鍵在於獨處時要能夠小心謹慎。」

那在致良知的路上我們該如何去下功夫呢？

除了自己內心的省察克治外，更重要的是陽明先生所一貫強調的「事上磨煉」。而事上磨煉，主要就是「人情事變」。

「曾經痛苦，才知道真正的痛苦；曾經執著，才能放下執著。」——《西遊·降魔》

為什麼「事上磨練」這麼重要呢？

因為「江山易改，本性難移」。

人如果沒有刻骨銘心的體驗，就不能真心實意地去面對自己的心魔；不到山窮水盡的境地，就不會真誠無欺地去改善自己的缺點。

所以孟子說：人恆過，然後能改。

人往往要犯了錯，才能悔悟改過。

每每要經歷過大風大浪，才知道風平浪靜的美好；常常要經歷過山窮水盡，才明白柳暗花明的意義。

凡事只有親身經歷過才能真正地認知它的本質，並明白如何去應對。

品嘗過痛苦，才能瞭解快樂的本質；面對過挫折，才會明白成功的意義。

一個人要想正確地對待人生旅程中所遇到的一切境遇，就必須在人情事變上做功夫。

魯迅說：「樓下一個男人病得要死，那間隔壁的一家唱著留聲機，對面是弄孩子。樓上有兩人狂笑，還有打牌聲。河中的船上有女人哭著她死去的母親。人類的悲歡並不相通，我只覺得他們吵鬧。」——《小雜感》

這世上很多事情，發生在別人身上只是小故事，只有發生在自己身上才是大事故，所謂「如人飲水，冷暖自知」，沒人能代替你品嘗那個中滋味。

第七章
山窮水盡也是該看的風景

我一直覺得上天像是故意要「苦我的心志，勞我的筋骨」，偏要讓我多走一段路，而且還是山窮水盡的彎路。但是既然選擇了留下，一切只有自己堅強地去面對。

　　忘了是那一位老師說過：考高中就像在池溏裡撈魚，只要肯努力一定能撈得到；考大學則像是在大海中捕魚，不是光憑努力就可以補到魚的。

　　在人生旅途的某個階段，你可以靠紅牛、蠻牛，靠著上天給你的小聰明和小幸運取巧地活著。但是到了另一個階段之後，真正能讓你走出來的，只能是你的良知。

　　比如，當你處在山明水秀時，你可以很快樂地生活著。

　　但是當你從山明水秀走到山窮水盡時，你原來平靜的心就會受到考驗。

　　儒家修身法，正是要人歷經山窮水盡的境地來修煉內心。

　　而「致中和」就是要在這些人情事變上下功夫，使心達到「不偏不倚」的中和境界。

為什麼「致中和」只在「謹獨」？

　　「人情事變」只是拿來磨礪自身的外部環境，關鍵還在於自己內在的心性。

　　所以要使心境達到「不偏不倚」的「中和境界」，就要親身去經歷「人情事變」的磨鍊，並切切實實地反躬自省，這才是「人情事變」的真正價值和意義。

　　謹獨也作慎獨，是儒家非常重視的課題。

　　《大學》：「所謂誠其意者，毋自欺也。如惡惡臭，如好好色，此之謂自謙。故君子必慎其獨也。」（所謂的誠意就是不要欺騙自己，就像討厭惡臭，就像喜歡美色，那樣地自然而然、心

安理得，所以君子越是獨處時，越是要謹慎）

《中庸》：「莫見乎隱，莫顯乎微，故君子慎其獨也。」（最隱蔽的地方最能看出一個人的素質，最細微的東西最能顯示一個人的涵養，君子即使在獨處時，也不會做出任何不可描述的事情。）

還有《論語》中的「吾日三省吾身」，《孟子》中的「反身而誠」，所講的也都是通過本心的自我覺醒和自我反省，來提升自我素質及自我涵養。

獨處，用武俠的語境來說就是「閉關」。

看過武俠小說的人都知道，「閉關」不是為了把自己關起來，而是為了練功；同樣地，儒家所強調的「獨處」不是為了搞自閉，而是為了提升自我的一種修行。

最後我用自己的話來簡單地總結一遍：

每個人都或多或少有一些難以改變的壞習慣和弱點。

這些壞習慣和弱點有些無傷大雅，但有些卻非常致命。

而你所要思考的，是要被動地等著讓重大挫折來改變你，還是要主動地「三省吾身」、「反身而誠」來完善自己。

第七章
山窮水盡也是該看的風景

6. 無論發生什麼事，
那都是唯一會發生的事

　　諸君只要常常懷個「遯世無悶，不見是而無悶」之心，依此良知忍耐做去，不管人非笑，不管人毀謗，不管人榮辱，任他功夫有進有退，我只是這致良知的主宰不息，久久自然有得力處。一切外事亦自能不動。——《傳習錄》

　　各位只要經常胸懷「超脫塵世而內心沒有憂慮，不被人賞識內心也沒有煩悶」的心態，按照良知的指引，忍耐地做下去，不管別人譏笑也好、誹謗也罷，也不管別人是讚譽還是侮辱，任憑他功夫有進有退，我只是堅持自己致良知的心念不息，久而久之，自然會有感到得力的地方，外界的一切事情也自然不能擾動自己的內心。

　　子貢說：「殷紂王的不善，不如傳說的那樣嚴重。因此，君子非常憎惡居於下流，（一旦居於下流，）天下的一切壞事（壞名）都會歸到他的頭上來。」（子貢曰：「紂之不善，不如是之甚也。是以君子惡居下流，天下之惡皆歸焉。」）

　　子貢是「孔門十哲」中，言語科的第二把交椅。當時紂王在

檯面上基本就是暴君的形象。但是子貢並不迷信檯面上的說法，因為他自己本身就是個唬爛高手，所以他很清楚唬爛是怎麼一回事。他在深思熟慮之後對紂王的身後評價得出了如下結論：紂王的罪惡，應該不像傳說中那樣恐怖，因此君子都不願意處在卑下的地位，以致於天下所有的壞名聲都歸到他的身上。

「君子惡居下流」其實是一個放諸古今、證諸四海皆準的道理。比如說一樣上課打瞌睡，我就會比其它同學更容易受到老師關愛的眼神，或被教官找去「喝咖啡」。

所以莎士比亞說：「當災禍來臨的時候，它們總是成群結隊前來拜訪。」

因為這世上「落井下石」的人永遠比「雪中送炭」的人還要多。而人一旦處在卑下的地位，那天下所有的壞事就會不可避免地成群結隊奔向你而來，就像水往低處流一樣那麼自然。

不論你的人生被貼上了什麼標籤，只有你自己可以定義自己

所謂「一念天堂，一念地獄」。

人心認為哪裡是天堂，那裡就是天堂；反之，人心認為哪裡是地獄，那裡就是地獄。

在電影《浮城大亨》結尾時，男主角郭富城有一段內心獨白：「阿娣（楊采妮飾演）的心住進了地獄，而這個地獄是我創建的。我是什麼都好，但我絕不是一個製造地獄的人。」

為什麼阿娣的心住進了地獄呢？

因為阿泉（郭富城）在事業上拼搏而忽略了家庭，這樣的冷暴力令他的妻子阿娣承受了很多內心的煎熬。

按照天主教的說法，地獄就是一個人與人之間沒有溝通、所

第七章
山窮水盡也是該看的風景

有關係都斷絕，就像處在地獄中，是孤單、無助的，「這個過程就像住在地獄」。

那些年我就一直生活在這樣的「地獄」，而這個地獄是我自己創建出來的。

但是正如尼采說的：「人跟樹一樣的，越是嚮往高處的陽光，它的根就越要伸向黑暗的地底。」

所以文王拘而演《周易》；仲尼厄而作《春秋》；屈原放逐，乃賦《離騷》；左丘失明，厥有《國語》。這些傳世之作，無一不是古聖先賢在「困于心、衡於慮」的情況下所創作出來的。

這和孟子所說：「故天將降大任於是人也，必先苦其心志，勞其筋骨，兒其體膚，空管其身行，指亂其所為，所以動心忍性，曾益其所不能。」

都是一樣的道理。

「苦難磨練性格，性格產生希望，希望讓我們永不失望」——林書豪

這句話源自於《聖經》：患難生忍耐，忍耐生老練，老練生盼望，盼望不至於羞恥！

所以，當你面對困境或陷入絕境時，請記住——「『忍』字頭上一把刀」，一定要冷靜地克制自己。不憂讒、不畏譏，只是堅持自己致良知的心念不息。然後按照良知的指引，在忍耐中求生存、在等待中找轉機。

因為尼采說過，只要今天打你不死，明天你就會更大尾。

（That which does not kill us makes us stronger.——尼采）

7. 逆增上緣

> 又曰：「人若著實用功，隨人毀謗，隨人欺慢，處處得益，處處是進德之資。若不用功，只是魔也，終被累倒。」——《傳習錄》
>
> 陽明先生又說：「一個人如果能切切實實地用功，隨便別人怎樣詆毀、誹謗、欺辱或輕慢，依然不忘初心，就會處處受益，處處都是培養自己德行的機會。若不用功，那些誹謗和欺辱就只是心魔而已，終究會被它累倒。」

很多人的立志就像玻璃瓶裝開水——三分鐘熱度。

就是一鼓作氣，再而衰，三而竭。等他再遇到挫折、失敗時，就會變得一蹶不振甚至是自暴自棄、自甘墮落。

比如說，大部分的人小時候都寫過一個作文題目，就是「我的志願」，說自己長大以後要做什麼。但是長大後呢？或耽於安樂或是遭遇挫折，年少時的理想就成了幻想。

於是乎，在理想與現實間巨大的落差下，就像名音樂人黃舒駿在《雁渡寒潭》這首歌裡所寫的：「多少意興風發的少年，失落在理想與現實之間。口口聲聲要做英雄聖賢，最後卻變成魔鬼。」

第七章
山窮水盡也是該看的風景

就像唐宋古文八大家之一王安石，在《傷仲永》裡描述的一樣，很多「神童」的人生軌跡往往是「小時了了，大未必佳」。

那幾年，我看過從日校讀到補校（夜間部）的同學；從台南一中讀到善化高中的同學；從「正常」讀到「不正常」的同學……，其實都只是像陽明先生所說的，被自己的心魔累倒而已。

只是有些人倒下了，再也沒能站起來；而有些人則像《魔鬼終結者》一樣，一集拍完接著一集。

有次朝會，校長為了激勵學生，在台上說了一句話：「**南二中的學生只要有一個人能考上大學，那麼南一中的學生就應該全部都能夠上榜。**」

難怪有人說類比最容易偷概念。這句話從理論上看來沒毛病。因為南一中學生的入學成績，全部高於南二中的學生。但是，對於正面戰場其實是無源之水、無根之木。

按照校長的邏輯，這句話也能理解成，如果南一中的學生裡，要有一個人考不上大學的話，那個人肯定是我。更何況那時候南一中的畢業生，考不上大學的每年都超過一百個。

不過，就像一句老生常談的話「球是圓的」：「黑八傳奇」（第八種子打敗第一種子）也不是沒出現過；零比三落後的球隊，也不是沒有逆轉過。

高中時我參加台南YMCA的團契，社團裡有個小我一屆的學弟念南二中，大學聯考時他考上了東海會計，而考研時他考上的是台大會研。

人生是場馬拉松，千萬不要看輕了誰，更別小看了自己。

再卑微的塵埃裡，也能長出美麗的花朵；再渺小的人物，也

能綻放萬丈光芒。即使是跑龍套的，也可能有跑成主角的一天。

　　所以陽明先生說，人若著實用功，所有的苦事、難事、逆境、絕境都是你的逆增上緣，可以砥礪你的性情，磨煉你的心智；若不用功，這些糟心事就只是人的心魔而已，終究會為其所累，而不知伊於胡底。

　　佛教講因緣，其中一種是「增上緣」，也就是一般講的助緣。但不同的是，佛教認為助緣不僅有好的、有利的「順增上緣」；更重視困難、逆境，困難考驗道心，逆境激發潛能，這就是「逆增上緣」。

　　若能用「逆增上緣」的禪意來看待人生，則處處都是進德修業之資。即使經歷了人世間的各種人情事變、毀謗欺慢，亦能不忘初心，仍能煥發朝氣。而不是被各種的人間滄桑，消磨了你的淩雲壯志。即使做不了英雄聖賢，也絕對不要變成魔鬼。

8. 君子之學

> 　　君子之學，務求在己而已。毀譽榮辱之來，非獨不以動其心，且資之以為切磋砥礪之地。故君子無入而不自得，正以其無入而非學也。——《靜心錄‧文錄》答友人
>
> 　　君子對於學習，務必要追求的只在於完善自己。因此對於外來的各種毀譽榮辱，不但不會因為它們而觸動、影響到自己的內心，而且還要把它們當作是磨煉自己心性，

第七章
山窮水盡也是該看的風景

提高自己境界的好地方。所以說君子無論在什麼境地，沒有不自在的，就是因為君子無論在什麼境地下，都能學習。

在這個競爭空前的社會裡，各種毀譽榮辱無處不在。

面對這些毀譽榮辱不但能不動氣，還能將其當成「逆增上緣」，砥礪自己的性情，磨煉自己的心智。

那要怎麼做才能擁有這種境界和修為呢？

「君子之學為己，小人之學為人」

這句話源自於《論語‧憲問》——子曰：「古之學者為己，今之學者為人。」

荀子在《勸學》中進一步引申：「古之學者為己，今之學者為人。君子之學也，以美其身，小人之學也，以為禽犢。」

這是說君子之學是為了完美其身，是為了提升自己內在的修為涵養；而小人之學是為了禽犢，禽犢是餽獻之物，比喻小人之學，是為了取悅於人，是為了揚名於世。

所以，「古之學者為己」的「為己之學」就是「君子之學」，也就是為了完美自己的「身心之學」。

這裡說的君子、小人，不是指好人、壞人，而是指治學的態度。

程頤也說：「君子儒為己，小人儒為人。」

君子儒做學問是為了完美自己，是專心在自己內在的修為涵養上下功夫；而小人儒做學問是為了取悅別人，是要讓別人知道

自己有學問。

這就是君子儒和小人儒的區別，也是古之學者與今之學者的區別，更是「君子之學」和「小人之學」的最大分野。

但是「君子之學」和「小人之學」其實並不互相妨礙，甚至能相互成就，這一點，我們在第十章裡會再提到。

所以陽明先生說，君子對於學習，只求完善自己，只為了提升自己的修為、強大自己的內心。

從容的修為和強大的內心，不但能在這個競爭空前的社會幫你扛住壓力；更能夠在關鍵時刻，幫你把壓力轉化成逆流而上的助力。

若為別人而學，對於外來的各種毀譽榮辱，容易患得患失，就會產生壓力。人活在壓力下不但很累，而且過於強大的壓力還會抑制一個人的智慧和潛力。

所以人在少年十五二十時最重要的，不只是升學考試的「小人之學」，更要學就一套立身處世的「君子之學」。這套「君子之學」才能讓你在往後餘生裡、萬丈紅塵中適應環境、面對挫折、頂住壓力、追逐理想。

「願你出走半生，歸來仍是少年」 ──（孫衍）

三毛說：「成長是一種蛻變，失去了舊的，必然因為又來了新的，這就是公平。」──《親愛的三毛》

上天是公平的，祂關了我一扇門，卻又給我開了一扇窗，打開那扇窗，裡面的世界更加寬廣。

很多年以後我才明白，那一年留級的原因，並不是因為我的

第七章
山窮水盡也是該看的風景

入學成績是全校最後一名，也不是因為制服上的學號，更不是因為南一中不在我們家隔壁……。

一個人會感冒，是因為身體的抵抗力不足；而我之所以到處碰壁，則是因為內心不夠強大。

也就是說，淪落到這般田地，根本原因就在於自我心中有無限的弱點，而這些弱點才是我那一年留級的真正原因。

但是幸運的，正是那樣的痛苦和逆境，不但讓我完善了自己的弱點，而且最後還讓我能夠從那麼殘酷的競爭中走了出來。

這世上除了你自己，
沒有人能夠讓你真正地走出來

狄更斯在《雙城記》的開頭說：「這是最好的年代，這是最壞的年代。」

這句話同樣適用於我的少年時代。

那是我生命裡最艱難的時刻，也是我人生中最美好的時光。

「成熟就是開始接受自己的殘缺和不完美，原諒身邊的人和事，坦然面對庸常而瑣碎的生活。」——《願你出走半生，歸來仍是少年》

為什麼「山窮水盡也是該看的風景」呢？

「或許，青春本來就是不完美的吧。」——（井上雄彥）

青春之所以不完美，是因為年少時的自己原就不完美。

而成熟就是當初的牛夫人，都成了現在的小甜甜。

第八章

自有法入，
從無法出

1.讀書如交友，應求少而精（Books and friends should be few but good.）
　　——英文諺語
2.看事情要看本質，而不是看表象
3.大巧在所不為，大智在所不慮
4.高手做事先搞定心情，再搞定事情
5.你若盛開，清風自來
6.不能運用自如的一百篇，不如自得於心的五篇
7.因材施教，教而不累
8.真正強大的力量來源於做最好的自己——《功夫熊貓3》
9.若不用心生活，人生就會像做了一場白日夢

1. 讀書如交友，應求少而精
（Books and friends should be few but good.）——英文諺語

希淵問：「聖人可學而至，然伯夷、伊尹於孔子才力終不同，其同謂之聖者安在？」

先生曰：「聖人之所以為聖，只是其心純乎天理而無人欲之雜。猶精金之所以為精，但以其成色足而無銅鉛之雜也。人到純乎天理方是聖，金到足色方是精。

……。故雖凡人而肯為學，使此心純乎天理，則亦可為聖人，猶一兩之金，比之萬鎰，分兩雖懸絕，而其到足色處，可以無愧。故曰『人皆可以為堯舜』者以此。

……正如見人有萬鎰精金，不務煆煉成色，求無愧於彼之精純，而乃妄希分兩，務同彼之萬鎰，錫鉛銅鐵雜然而投，分兩愈增而成色愈下，既其梢末，無複有金矣。」

時曰仁在旁，曰：「先生此喻，足以破世儒支離之惑，大有功於後學。」——《傳習錄》

陽明先生的學生蔡希淵問：「人固然可以通過學習成為聖人，但是，伯夷、伊尹和孔子相比在才智上終究有所不同，為什麼孟子把他們同稱為聖人？」

先生說：「聖人之所以為聖人，只因他們的心純是天理而不摻雜絲毫人欲。好比純金之所以為純金，只因它的成色足而沒有摻雜銅、鉛等雜質。人心純是天理時才能稱

為聖人，好比金到成色充足時才能稱為純金。

　　……所以，即使是一般人，只要肯學習，使自己的心純為天理，同樣可以成為聖人，比如重一兩的金子，和重萬鎰的金子相比，分量的確相差很遠，但就其成色十足而言，則是毫不遜色的。孟子說『人皆可以為堯舜』，依據的正是這一點。

　　……好比有些人，看到別人有萬鎰純金，卻不肯在成色上冶煉自己的金子以求無遜於別人的金子，而只妄想在分量上超過別人的萬鎰，把錫、鉛、銅、鐵都摻雜進去，如此一來分量是增加了，但是成色卻越來越低下，煉到最後，反而連金子都不是了。」

　　這時徐愛在一旁說：「先生這個比喻，足以破除現今儒者所造成聖學支離破碎的困惑，對後來的學者大有裨益。」

假如事與願違，請相信那是最好的安排
——（印度諺語）

　　在綜藝節目《朗讀者》的採訪中，主持人問了古裝劇男神胡歌一個問題，戳中了無數人，她問：「發生的那件事情（車禍），你願意去回憶嗎？」

　　胡歌坦然地回答：說實話，我有一個階段是特別不願意去提及那段事情，因為那個車禍，我身上背負了太多的光環，大家都說我勇敢的從這個車禍中走了出來，給了我很多溢美之詞，但那個階段我覺得我不需要。但是這幾年，我會思考那件事情帶給我

第八章
自有法入，從無法出

了什麼，我覺得，我能夠活下來，或許是因為有一些事情要做。

很多人會把胡歌和梅長蘇的經歷相提並論，而在《琅琊榜》中梅長蘇也曾說過：「我既然活了下來，便不會白白地活著。」

如果人生像登山，那麼有些人是一路走來風光明媚；有些人則是一路走在狂風暴雨裡。還有些人則是從山明水秀走到山窮水盡。而我則用了將近七年的時間，做了兩次從谷底到山頂，再從山頂到谷底的折返跑。但是我相信：

上天既然有這樣的安排，就一定有祂的用意。

榜樣的力量

要論起Y和我的關係，那真是馬里亞納海溝——深了去。

Y是我國二和國三時的同班同學。同班那兩年，我幾乎把他身上我所能看到的優點全給「偷」了。

那一年大學聯考放榜後，我們約在他家聊了這兩年來的一切，這是自從我留級後，我們第一次見面。

我想每個人對於朋友都有不同的定義。

什麼叫做朋友？真正的朋友，並不是在一起有說不完的話；而是無論多久不見，見了面依然有話說的人

說真的，人生在世起碼要有一個知心的朋友，至少一個。

在關鍵的時刻，在你彷惶失措、茫然無助的時候，他會拉你一把，給你實質的幫助，甚至成為你的心靈支柱。

自從知道Y考上政大那一天起，潛意識裡我就一直覺得自己（最少）也能考上政大。

當然這種「榜樣的力量」只是一種心靈雞湯，唯一的作用就是可以暫時鼓舞人心，對於正面戰場其實是無源之水、無根之木。

我心裡很清楚：心靈雞湯支撐不了我的理想。想要考上大學，就必須想辦法提升自己的實力才可以。

實質的幫助——「模式作文」

子曰：「工欲善其事，必先利其器。」這是說工匠想要做好他的工作，一定要先讓工具鋒利。比喻要做好一件事情，工具非常重要。那麼學習的工具是什麼呢？

那一年我國中同學和「原來的高一同學」都畢業了，我也因此接收了不少他們的參考書或筆記，包括Y。

但是正如資訊多了等於沒有資訊，書多了同樣也等於沒有書——如果你不懂得善加取捨。

那一年Y的大學聯考成績裡最引我側目的，是他的英文考了83分。

說真的，國中同班時，我們的英文水平差不多在同一個檔次，而如今這個差距恐怕要以光年來計算。

所謂的聖人，就是最好的自己

我最認同一句話：「**要做就做最好的**」。但是，什麼是「**最好的**」？

就像在第三章裡說過的，「要如何成為最好的自己」：

「首先你要先去了解你自己……然後找出自己的特質，接著再不斷地、全力去強化它。即使在這個過程中你去模仿別人：借鑒別人的經驗，學習別人的方法和技巧，也只是為了要強化你自己的這些特質，而不是為了要變成別人。」更不要想著超越別人，只要做到盡其在我，就是「最好的」，即使自己的最好可能

215

第八章
自有法入，從無法出

和別人有著光年的差距。

Y告訴我，這是補習班的功勞。我看了一下他補習的英文筆記，最特別之處是作文，用他的說法，這叫「模式作文」。

假設筆記裡「模式作文」的句子難度係數是5.0的話，那麼市面上「作文範本」裡的句子難度係數大概只有3.0。

我再大略地瀏覽了一下，發現後面的篇章全都是前面五篇「模式」的習作，也就是應用。我那時就想：如果能把前面五篇模式讀通，後面的習作（運用）根本不用讀；如果前面五篇模式讀不通，後面的習作（運用）讀再多篇也沒有用。

所以我的決策是：只讀前面五篇，後面一律不讀。

應試教育最為人所詬病的，莫過於那種填鴨式教學。然而恰恰是這五篇比填鴨還要填鴨，比八股還要八股的「模式作文」啟發了我。

事實上，這五篇「模式作文」所帶給我的幫助，不只是應付大學聯考英文科中那區區20分的英文作文。更重要的意義是，它改變了我整個高三的學習方式，甚至改變了我整個人生的思維模式。

我常想，正是有這些動人心弦的老師、同學和朋友，在人生旅途中給了我無窮的信心和幫助，讓我知道縱然偶有失意，但是我絕不會落入萬劫不復的谷底。

因為即使在最艱難的時候，總有那麼溫暖的一個人，那樣堅定的一雙手，拉住我。

2.看事情要看本質，而不是看表象

問：「孔子所謂遠慮，周公夜以繼日，與將迎不同，何如？」

先生曰：「遠慮不是茫茫蕩蕩去思慮，只是要存這天理。天理在人心，亙古亙今，無有終始。天理即是良知，千思萬慮，只是要致良知。良知愈思愈精明，若不精思，漫然隨事應去，良知便粗了。若只著在事上茫茫蕩蕩去思，叫做遠慮，便不免有毀譽、得喪、人欲擾入其中，就是將迎了。周公終夜以思，只是『戒慎不睹，恐懼不聞』的功夫。見得時其氣象與將迎自別。」──《傳習錄》

有人問：「孔子所謂的『遠慮』，周公所謂的『夜以繼日』，與『將迎』不一樣。可以這樣說嗎？」

陽明先生說：「『遠慮』不是不著邊際地去思考，只是要在心中存養天理。天理存在於人心之中，且縱貫古今、無始無終。天理就是良知，千思萬慮只是要致良知。良知是越思索越精明，如果不深思熟慮，遇到事情只是漫不經心地應付過去，良知就粗略了。如果把只在事上不著邊際地思考叫作思慮，就不免會有毀譽、得失、私欲摻雜進來，這就是如『迎來送往』般的胡思亂想了。周公整夜地思考，只是『戒懼不睹，恐懼不聞』的功夫。理解了這一點，周公的氣象與『將迎』自然不一樣。」

第八章
自有法入，從無法出

在日常生活中，我們經常陷入思維陷阱，對問題的關鍵渾然不知，卻自以為在做正確的事情。

《伊索寓言》裡有一則〈賣牛奶的女孩〉：

> 　　一個農場的女孩每天都辛苦地擠牛奶到市場去賣。有一天，他頭頂著牛奶往市場的路上，她想：「賣牛奶的錢，可以拿去買一隻母雞，母雞會生雞蛋，蛋會孵出小雞，小雞長大又會生雞蛋……最後用這些賺來的錢我要買一套最漂亮的衣服。聖誕舞會的時候，我就可以穿著新衣，迷倒許多人，那個帥哥來跟我邀舞時，我要先故作矜持地搖搖頭，想到這裡，她不由自主地搖了頭，牛奶罐掉在地上砸破了，幻想破滅，沒有牛奶，沒有小雞，沒有漂亮的衣服，也沒有帥哥。

　　所以陽明先生才說：「看事情要深入本質，而不是只在事情的表象上漫不經心地打轉。這樣思緒才不會每天像『陪客人搖來搖去』一樣忙、茫、盲。」

憑爾幾路來，我只一路去

　　孫子說：「料敵制勝，計險隘遠近，上將之道也。」

　　作為上將，也就是一流的將領，關鍵要能看得比敵人深入。怎麼個深入法呢？，就是對於戰地的地形一定要了然於胸，然後對戰場形勢要能做出準確的判斷，從而借助地形進行戰局的設計，並贏得戰爭的勝利。

　　「憑爾幾路來，我只一路去」，是清太祖努爾哈赤贏得「薩爾滸之戰」的關鍵。這個關鍵就是，「在戰略上以少勝多，在戰

術上以多勝少」。

對於明朝的四路大軍圍攻，努爾哈赤不是分兵迎敵，而是始終堅持以優勢兵力對其一路，將之各個擊破，最後取得了勝利。

整個戰爭的過程，都是努爾哈赤事先設計好的，所有人都只是照著努爾哈赤的劇本來配合演出而已。

時間不是問題，問題是沒時間

《灌籃高手・全國大賽篇》中湘北高中第一戰對手～豐玉高中的前教練北野說：高中三年要把籃球打好是不可能的，所以他的籃球哲學是Run & Gun（跑轟）～七分進攻三分防守的戰術，堅信這樣能夠讓孩子們更喜歡籃球。

而我則認為在高三這一年，只用十天的時間想要把英文作文學好也是不可能的，所以我的戰略思維就是用這十天的時間，將這五篇「模式作文」讀通、讀熟、讀透、讀破。然後再把它運用到出神入化、爐火純青。

為什麼只有十天，這十天之數是怎麼來的呢？

高三的時間看上去有一年，事實上在九月份開學後，距離大學聯考就只剩短短十個月，也就是300天。而英文作文20分，占整個大學聯考總分的比例是1/30（20/600）。也就是說你仔細一算，這300天的時間裡，按比例能分配給英文作文的時間，事實上只剩十天（300×1/30）。

只學五篇當然不是學習英文作文的最好做法，但是我認為這是沒有辦法中的辦法——在不能面面俱到的情況下，抓住事物的主要癥結點。只有這樣做才能在「有限的兵力（時間）」下，最有效地應付這場大戰（考試）。

第八章
自有法入，從無法出

任你題目怎麼變、題型如何改，我就是這五篇跟你周旋到底。

3. 大巧在所不為，大智在所不慮

> 門人在座，有動止甚矜持者。先生曰：「人若矜持太過，終是有弊。」
>
> 曰：「矜得太過，如何有弊？」曰：「人只有許多精神，若專在容貌上用功，則於中心照管不及者多矣。」
>
> ——《傳習錄》
>
> 在座的門人弟子中，有一個人的言容舉止十分矜持。陽明先生說：「人如果過於矜持，終究會有弊端。」
>
> 有人問：「過於矜持，為什麼會有弊端？」陽明先生說：「一個人能有多少精神？如果一味在外在的容貌舉止上用功，那麼用在內心修養上的就會有很多不足之處了。」

大部分的人都希望自己能上知天文、下知地理、學貫中西、博通古今，但是現實生活中，這種天才不過是鳳毛麟角而已。

我念大一時，歷史課是必修課。那時政大有一個流傳甚廣的

笑話：有一個教明史的教授，在學期結束時都還沒有講到朱元璋稱帝、建立明朝！

但是在我看來這其實沒啥好笑的。因為學明史並不是為了知道明朝有哪幾個皇帝；就像學地理也不是為了知道地球上有哪些國家。

前幾年我在報上看到一則新聞：清華大學物理系有個教授進行了一項普通物理教學的改革：每個學期只教十個問題……。

雖然一個文科、一個理科，但是兩者有異曲同工之妙。

我想一定會有人懷疑，只學這麼一點點，豈非代表某種畫地自限、停滯不前？

這只是無知者之言，學過「唯物辯證法」的人都知道：多個中心，即無中心。樣樣通，說穿了也就樣樣鬆！

這和陽明先生所說，人如果只注重外表，那就顧不到內心，是一樣的道理。因為人的時間和精力都是有限的，顧得了東（表面）就顧不了西（本質），而東走西顧毫無針對性的努力，則必然徒勞無功。

被誤解的名言：吾生也有涯，而知也無涯

這句名言出自《莊子‧養生主》，一直被老師用於鼓勵學生珍惜時間、努力學習。但是，這句名言的後面還有一句，更重要的一句：「以有涯隨無涯，殆已」。所以莊子整段話的意思是說：生命有限，學海無涯，拿有限的生命去學什麼沒完沒了的知識，你是不是傻了！

世上最公平的事，就是不論富貴貧賤，每個人一天都只有24小時。不想使自己精力分散，最後徒勞而無功，就要處理好「表面上多學一點」與「本質上突出重點」之間的關係，這一點直接

第八章
自有法入，從無法出

決定了每個人最後的成敗。

努力未必能致勝

　　長久以來，我們一直強調「愛拚才會贏」，但是靠努力致勝
的前提是，對手雖然和你一樣努力，但是比你笨；或是對手雖然
比你聰明，但是卻沒有你努力。就像《龜兔賽跑》的故事裡，烏
龜能獲勝固然是靠自己堅毅不拔的的努力和意志力，但是更重要
的還是因為兔子睡著了，才給了烏龜可趁之機。

　　遺憾的是，在人生的旅程中，你所要面對的對手往往比你還
強大。

　　為什麼？因為比你弱小的，你也不會想要把他當對手。

　　所以，你不能只和你的對手做同樣的事。也就是說，你要懂
得「藏拙」。

　　當然，人的能力不可能因為「藏拙」而突飛猛進，但是由
於藏拙可以「避實擊虛」，雖然能力還是那個能力，卻能以弱勝
強、以下克上。這就像《灌籃高手・全國大賽》中湘北對山王之
戰前，安西教練對湘北的選手說的：「**即使整體實力上有差距，
我們也可以在一些必勝的重點上跟對手決勝負。**」

　　說真的，後來我的英文作文成績明顯超過我的英文能力水
平，就是這個道理。

　　所以《荀子・天論》：「大巧在所不為，大智在所不慮。」
這是說，最明機巧的人，在於他不去做那些不該做的；最有智慧
的人，在於他不去考慮那些不該考慮的。因為這樣才能集中全力
去「避實擊虛」。

專注鑄就成功

「一生只做一件事，一心一意賣水果。」

這兩句話是我以前在某有線電視台的節目預告裡看到的。因為是廣告，所以看了很多次，因此印象特別深刻。這個節目裡除了有「水果大王」，還介紹了許多各行各業的佼佼者，而他們成功的共同點就是：只要把一件事情做到極致就一定會成功。

背書方面我是弱者，這一點我有自知之明。

這也說明我很清楚自己的軟肋，而且已經找到了藏拙的方法。與其在「帳面上」去學一百篇，看起來很唬人；不如好好把這五篇烙印在心上，並將其內化能為自己所用。所以我不學那麼多，只學這五篇。

但是就像我自己常說的「記憶力不好的人，有最好的創造力。」為什麼呢？因為記不起來的地方，我得靠自己掰阿！

4. 高手做事先搞定心情，再搞定事情

> 日孚曰：「先儒謂『一草一木皆有理，不可不察』，何如？」
>
> 先生曰：「夫我則不暇。公且先去理會自己性情，須能盡人性，然後能盡物之性。」日孚悚然有悟。——《傳習錄》

第八章
自有法入，從無法出

> 梁日孚問：「北宋程頤先生認為『世間的一草一木，都有天理，不可不仔細體察』，您怎麼看？」
>
> 陽明先生說：「或許沒錯，但是我卻沒有這份閒工夫。你且先去涵養自己的性情，只有窮盡了自己的本性，然後才能窮盡世間萬物的道理。」梁日孚因此猛然醒悟。

就心學而言，「格物致知」中的「知」，不是指世上的「知識」，也不是指「知道」這些知識，而是指人的「良知」。這涉及到陽明先生人生中兩個重要的轉捩點：「守仁格竹」和「龍場悟道」。那是陽明心學創立的轉捩點，甚至是儒家文化的重要關鍵點。

陽明先生十八歲時至江西娶親，與夫人諸氏返回余姚，路過廣信時，特地去拜謁大儒婁諒。

婁諒告訴他「聖人必可學而致之」，並向他講授「格物致知」之學。

這「格物致知」源於《大學》八目，朱熹把它發揚光大為「格物致知」之學。

陽明先生如獲至寶，遍讀朱熹的著作，思考宋儒所謂「物有表裡精粗，一草一木皆具至理」的學說。

《傳習錄》中曾詳細講了格竹這件事：「為了通過朱熹的『格物致知』來做聖賢，有一年，陽明先生和一位朋友決定先從自家花園裡的竹子格起。他的朋友對著竹子想窮盡其中的理，結果用盡心思，不但理沒格出來，三天後人卻因此累得病倒了。於是先生自己接著去格竹子，堅持了七天，結果同樣是什麼發現都沒有，自己也生了一場大病。」

陽明心學三部曲
（一）求學之卷

事實上，陽明先生後來能有劍破長空的「龍場悟道」，就是起因於「格竹」失敗後，對朱熹式「格物致知」產生極大的懷疑。從此開啟了他對「物理」與「吾心」的探索道路。

而後來的「龍場悟道」，其實也就是陽明先生對朱熹式「格物致知」破而後立的結果。這個結果可以用一句話來總結：「**聖人之道，吾性自足，不假外求**」。

用心學的語境來說就是，人人心中都有良知，良知無所不能、無所不知。這個道理，不需要去外面尋求。這個道理是什麼呢？其實就是用心。只要你能用心找到向上的意識，就能找到向上的道理。

就像周星馳在電影《食神》裡所說的：「其實，這個世上根本就沒有食神！或者說人人都可以是食神。老爸老媽，大哥小妹，男孩女孩，只要『用心』，人人都可以是食神。」

多學一點也不錯？

從小我爸就一直要我學粵語。

以客觀的形勢來講，台灣是一個連看港劇和港片都不需要用到粵語的地方；就主觀的感受而言，當一個人受到逼迫去做一件事時，就會導致受逼迫的人心不甘情不願，最後一事無成、白費功夫。

我爸的想法不在本章的討論範圍，這裡主要討論的是我媽對這件事的看法，她的原話是：「多學一種語言也不錯。」

雖然表面上看起來，多學一種語言也不錯，多學一種才藝也不錯，多念一種版本也不錯……。但是，德國哲學家叔本華說：人們最終所真正能夠理解和欣賞的事物，只不過是一些在本質上

第八章
自有法入，從無法出

和他自身相同的事物罷了。——《人生的智慧》

　　生命有限，學海無涯。千萬不要浪費時間去學那些「在本質上和你自身不相干的事物」，因為「心外無事」、「心外無物」。

要聚焦，用不著的，就不要學

　　學習，就是模仿；模仿，就是照著做。

　　學語言，就是要在日常生活中用得著，願意說。用不著，不願意說，那就不要學，不要把時間浪費在你不願意做的事物上。

　　外在的資源是有限的，而人心的欲望是無窮的。

　　所以，人生在世一定要搞清這四要：「需要」、「想要」、「能要」、「該要」的分際。什麼是真正的需要，什麼是貪求的想要，什麼是實至名歸的能要，什麼是責任所在的應該要。

學習到底是為了什麼？

　　陽明先生認為，一個人最應該先做的，是去了解自己，找回自己放失的心。人要先發明本心，才能夠充分認識到世間萬物的規律。也就是說，人只有先能了解「內在的」自己，進而才能了解「外在的」世界。

　　永遠不要忘了，學習是為了求其放心、致良知，而不是為了「多學一點也不錯」。

5. 你若盛開，清風自來

問：「聖人應變不窮，莫亦是預先講求否？」

先生曰：「如何講求得許多？聖人之心如明鏡。只是一個明，則隨感而應，無物不照。未有已往之形尚在，未照之形先具者。若後世所講，卻是如此，是以與聖人之學大背。」——《傳習錄》

陸澄問：「聖人不管做什麼事，都能夠隨機應變以至於無窮，莫非是他們預先都研究謀劃過？」

陽明先生說：「怎麼可能研究得了那麼多？聖人的心如同一面明亮的鏡子，只因為清澈明亮，所以能隨著自己的感受而靈活自如地應對事物，沒有什麼東西不能在鏡中被照出來的。鏡子先前所照的物象不會滯留在鏡子中，未曾照過的物象也不可能事先就出現在鏡子裡。」

「如果像後人認為的那樣，聖人就應該什麼事都研究透了，這就與聖人的學問背道而馳了。

讀書破萬卷，下筆如有神

這是詩聖杜甫的名句，要說到提升寫作能力的訣竅，就不得不提這一句。

第八章
自有法入，從無法出

清代仇兆鰲的《杜詩詳註》，對於「讀書破萬卷」中的「破」字舉有三說：

一曰：「胸羅萬卷，故左右逢源而下筆有神。」是說胸中懷有萬卷，當用得到時會自然流露、源源而出，下筆有如神助。

二曰：「書破，猶韋編三絕之意。蓋熟讀則卷易磨也。」是借孔子讀《周易》韋編三絕的故事，比喻因為反復閱讀以致於真的把書給讀「破」了。

三曰：「識破萬卷之理。」「識破」意謂理解透徹，是指在讀書中悟出「理」，並內化、融入自己的心中。

這三說總結了「破」字的三種不同境界，同時也點出了這句詩的重點，其實在這個「破」字。但是，你上網去查會發現大部分的人都將這句詩理解成：形容書讀多了，下筆如有神助。

這麼理解雖然沒大問題，但是這絕非這句詩的本意，起碼不是這麼膚淺的含義。事實上，如果按照這樣的思維，學習考試就會變成「背多分」，背越多越多分，或「做題量越大，成績越高」，做題量與成績成正比的扭曲、不正常的教育現況。最後造成「學生的夢想僅是每天睡滿5小時」的社會怪象，這就與聖人的學問背道而馳了。

以十天的時間，要學好五篇一百多字的英文作文，雖然沒有問題。但問題是，只靠這五篇模式要應付所有的英文作文考試，會不會太扯了一點？

千萬不要覺得只有「五篇」是不是太少了。

孫子說：宮、商、角、徵、羽不過「五音」，然而五種聲音的「組合變化」，怎麼也聽不完；紅、黃、藍、白、黑不過「五色」，但五種顏色的「組合變化」，怎麼也看不完；酸、甜、苦、辣、鹹不過「五味」，而五種味道的「組合變化」，怎麼也

嘗不完。（《孫子・兵勢五》：聲不過五，五聲之變，不可勝聽也；色不過五，五色之變，不可勝觀也；味不過五，五味之變，不可勝嘗也。）

看懂了沒？重點在「組合變化」！

只要你能「讀破」這五篇模式作文，並將其靈活運用，這五篇的組合變化，怎麼也寫不完。

詠春三板斧

在王家衛的電影《一代宗師》中，提到詠春拳有三板斧：「攤、膀、伏」。但這並不是指詠春拳只有三種手法。

事實上，三板斧真正的意義是：攤、膀、伏三種手法代表了三種詠春拳主要的結構。在雙人的對打中，招式就算再怎麼千變萬化，也離不開內外、上下、橫直及其中轉換。

攤、膀、伏便代表了以上關係，亦是三維空間的架構。以三聖手為基石再各自變化加上雙手並施，個中變化便無窮無盡。

事實上，這五篇模式作文「真正的意義」是代表了五種主要的文章類型。

在各式各樣的考試中，作文題目就算再怎麼千變萬化，其文體類型也離不開論說文、抒情文及記敘文。其中記敘文又可再細分為記人、記事、記物。

論說、抒情、記人、記事、記物這五篇模式作文，便代表了五種主要的文章類型。以這五篇模式為藍本再互相串流：**記事中兼論說，論說時又夾雜者抒情……，個中變化便無窮無盡。**

「亦敘、亦論、亦抒情」所呈現出來的效果，就好比你看一部電影，既有賞心悅目的動作場面，又有歡樂的喜劇成分，最後

第八章
自有法入，從無法出

還能教你一些做人做事的道理。

　　所以說，聖人不是預先把所有的事情都研究謀劃過，才能夠隨機應變以至於無窮；我們也不是非得要預先把所有的作文題目都研讀習作過，才能夠在考場上運筆如飛以至於屢考不倒。

　　不管對手是誰，也不管題目是什麼，我只專注於自己，我只努力做自己，做最好的自己。

　　把自己手中的牛刀磨利了、刀法練好了，還怕有解不了的牛嗎？

6. 不能運用自如的一百篇，
不如自得於心的五篇

　　與其為數頃無源之塘水，不若為數尺有源之井水，生意不窮。時先生在塘邊坐，旁有井，故以之喻學云。——《傳習錄》

　　與其挖一個數頃大卻沒有水源的池塘，不如專注地挖出一口有水源的深井，井裡的水源源不絕，永不乾涸。當時陽明先生在池塘邊坐著，旁邊有一口井，所以就拿它們來比喻做學問的道理。

那麼我們這些普通人，是不是也能夠像聖人那樣心如明鏡，不論做什麼事，都能夠隨機應變呢？

那時大學聯考英文作文考試除了題目之外，出題老師還會有一堆限制和要求，以免隨便就被學生給「套路」了。

不過這個限制難不倒我，隨機應變一向是我的強項。

自從「武術打假」事件揭開了傳統武術的遮羞布後，很多人都有一個疑問：武術中的套路可以用於實戰嗎？

以模式作文來講，雖然平時我念的是模式，但是上場應考時，我不可能從第一句套到最後一句；同理，就武術套路而言，平常練的雖然是套路，但是臨陣對敵時，你不可能從第一招使到最後一招阿。

再譬如下棋，棋藝高低要先看棋譜，但是臨局走子，雙方未必按照棋譜來下。

因為成敗都在變化萬端之中，而勝敗之情，就在運用之妙存乎一心。

半畝方塘一鑑開，天光雲影共徘徊，問渠那得清如許，為有源頭活水來

這首詩很多人都有聽過，但是有聽過不代表有聽懂。

一般人多以為這是寫景之作，但事實上並非如此。這是朱熹讀書有悟有得時，心頭那一陣清澈感，以記物的方式表達出來。這首詩是告訴我們，學問之間能融會貫通才能如有源之水，也才能源源不絕，永不乾涸。

孟子說：「君子以『道』作為深造的原則，就是希望能得到『自己的道』。得到了『自己的道』，駕馭它時就可以心安理

第八章
自有法入，從無法出

得。駕馭它時心安理得，就可以積累深厚，積累深厚就可以厚積薄發，有了厚積薄發的沉澱，就可以有信手拈來的從容，這種境界就是『取之左右逢其源』」。（孟子曰：「君子深造之以道，欲其自得之也。自得之，則居之安；居之安，則資之深；資之深，則取之左右逢其源，故君子欲其自得之也。」──《孟子‧離婁下》）

　　孟子是告訴我們：一、君子依照「道」，也就是合理有效的方法來做學問；二、不斷地運用「道」使自己的認識深入極境，這個過程就是「深造」；三、等深造積累夠了，能用自己身邊的人事物來印證學問的本源，這種境界就是「取之左右逢其源」。而這一切的目的，都是為了得到「自己的道」。

首先，我要給「模式作文」四個字正名

　　任何學習都是從模仿開始的。

　　而要模仿首先就要有可以模仿的範本、套路或模式，也就是孟子所說「君子深造之以道」。這裡的「道」不是老子所說的「道」，而是指「合理有效的學習方法」。

　　練拳有拳法，練刀有刀法，練毛筆字有「永字八法」……，這「法」指的就是常見的套路、模式，也就是孟子在這裡所說的「道」。

　　投資圈有句名言：「好的老師帶你上天堂，不好的老師帶你住套房。」

　　學習上也有句名言：「好的方法，讓你事半功倍；不好的方法，讓你事倍功半。」

　　「事倍功半」VS.「事半功倍」，一樣的文字，不一樣的排列組合，含義卻大不相同。

而一切的關鍵就在於是否「得法」。曾經不得法的我事倍功半，而如今得法的我則事半功倍。

被誤解的名言：「天才＝99％汗水＋1％靈感」

這句名言出自美國發明家愛迪生，一直被老師用於訓勉學生勤奮的重要性。但是，這句話的後面還有一句，更重要的一句「但是那1％的靈感是最重要的，甚至比那99％的汗水都重要。」所以整段話的意思是說：勤奮固然重要，但是如果沒有得到那1％的靈感，這99％的汗水就只是一桶汗水，沒有任何的價值。

很多人讀書只是把書念過一遍就算了，就不願意再多看幾遍，覺得這是在浪費時間。其實不然，如果只看一遍，沒有得到那1％的靈感，才是在浪費時間。

學習時，一開始要很專注地去掌握其基本原理。但是此時還不能就此罷休，必須再進一步去練習，用心與之交融並將其內化，孔子說「學而時習之」就是這個意思。這個不斷地運用「道」使自己的認識深入極境的過程，就是「深造」。

久而久之，人就會有一種「直覺能力」，也就是「精神感應」，「熟能生巧」就是這個道理。

就像庖丁解牛時「以神遇而不以目視，官知止而神欲行」。不用看牛，只憑精神去感應，這種「精神感應」不是天生的，而是過往所有刻苦鍛練和實作經驗「深造」的總成果。

第八章
自有法入，從無法出

最重要的是「自有法入,從無法出」

武俠宗師黃易的《大唐雙龍傳》裡,天刀宋缺教寇仲學「天刀刀法」時說道:「天有天理,物有物性。理法非是不存在,只是當你能把理法駕馭時,就像解牛的庖丁,牛非是不在,只是他已晉入目無全牛的境界。得牛後忘牛,得法後忘法。」

同樣的道理,電影《倚天屠龍記》中也曾說過。

太極宗師張三豐教張無忌太極劍法那一段,張三豐給張無忌演示了一遍:忘記了一點,只得其形;忘記了一大半,略有小成;全部忘記了才算得其精髓。

讀書亦同練武,只會生吞硬記而不知融會貫通,便無法領略個中的奧妙而發揮其功效。

學書法的人講究「書法自有法入,從無法出」。自「有法」入,就是「得法」,也就是孟子說的用道來深造自己;從「無法」出,就是「忘法」,也就是孟子說的「自得於心,左右逢源」。

當你的學問能「自得於心」時,自然能「忘法」,不受任何模式、套路所限制,從心所欲而「取之左右逢其源」。

7. 因材施教，教而不累

　　聖人教人，不是個束縛他通做一般，只如狂者便從狂處成就他，狷者便從狷處成就他。人之才氣如何同得？
——《傳習錄》

　　聖人教育人，不是束縛人的個性，把大家都變成同一個模樣。而是對那些性格狂放的人，便從狂處去成就他，對於性格拘謹的人，就從拘謹的地方成就他。人的才能、氣質怎麼能相同呢？

　　因材施教是一種重要的教學方法，是指針對學生的個人志趣、學習能力等具體情況，進行不同的教育。

　　《論語·先進篇》記載，有一次，孔子講完課，回到自己的書房，學生公西華給他端上一杯水。這時，子路匆匆走進來，大聲向老師討教：「先生，如果我聽到一種正確的主張，可以立刻去做嗎？」孔子看了子路一眼，慢條斯理地說：「總要問一下父親和兄長吧，怎麼能聽到就去做呢？」子路剛出去，另一個學生冉有悄悄走到孔子面前，恭敬地問：「先生，如果我聽到正確的主張應該立刻去做嗎？」孔子馬上回答：「對，應該立刻實行。」冉有走後，公西華奇怪地問：「先生，一樣的問題你的回

答怎麼完全相反呢？」孔子笑了笑說：「冉有性格謙遜，辦事猶豫不決，所以我鼓勵他臨事果斷。但子路逞強好勝，辦事不周全，所以我就規勸他遇事多聽取別人的意見，三思而後行。」

傳說的學姐，學姐的傳說

我大一時有個大四的學姐成績非常好，那一年她保送上了政大會研所，不過這不是重點，重點是我很少看到她在念書。那時我學長告訴過我一件關於她的事，他說：「你學姐（當時是他的女朋友，後來成為他的夫人）非常聰明，一般來說，學習要課前預習，課後複習，這是一種常識。但是你學姐從來不這樣做，為什麼呢？因為如果課前預習時她自己看懂了，那她上課就會不專心；而上課時她如果聽懂了，那課後根本就不用再複習。所以，對她而言，塵世間最悲慘的事，莫過於每個月要去找一齣八點檔來看。」（在老三台時代，連續劇通常在晚上八點至九點的黃金時段播出，所以也簡稱八點檔。那時一齣八點檔一般就播一個月的時間。）

從這件事情來看，我們可以明白一個道理：長久以來，我們一直提倡要向那些資優生學習，其實這是有問題的。因為大部分的人沒有那些資優生的天賦。可惜的是，我們的教育制度設計一直是讓這99％的正常人，去陪那1％「不正常」的人念書。所以大部分的人學習起來才會意興闌珊，少部分甚至會走火入魔。

有一段著名饒舌藝術家Prince Ea拍攝，名為《我剛剛對學校體系提告》（I just sued the school system）的影片在網路上瘋傳。

影片中，扮演律師的Prince Ea大肆批評現代的教育若沒有因材施教，根本是在「強迫魚爬樹」，並引用了愛因斯坦的名言：

「每個人都是天才。但是如果你用爬樹的能力來評斷一條魚，牠將終其一生覺得自己是個笨蛋。」因此他要控告美國學校體系，因為他認為這套教育系統根本早就已經過時了！整個過程令人心潮澎湃、思緒蕩漾。

事實上早在幾千年前，孔子就說要根據學生的志趣、能力等具體情形進行不同的教育。

陽明先生也說：「聖人教育人，不是束縛人的個性，把大家都變成同一個模樣。」不是把學生當成鮪魚罐頭，用一套標準的流水線作業來生產，都是同樣的道理。

8. 真正強大的力量來源於做最好的自己——《功夫熊貓3》

夫萬事萬物之理不外於吾心，而必曰窮天下之理，是殆以吾心之良知為未足，而必外求於天下之廣，以裨補增益之。是猶析心與理而為二也。夫學、問、思、辨、篤行之功，雖其困勉至於人一己百，而擴充之極，至於盡性知天，亦不過致吾心之良知而已。——《傳習錄》

既然萬事萬物的道理不存在於我們的心外，但是又一定說要窮盡天下的理，這大概是因為我們心中的良知還不足夠，而必須向外尋求天下眾多的理，用以彌補增加我們

心中的良知，這仍是把心與理一分為二了。學習、詢問、思考、分辨、篤行的功夫，雖然有的人資質低，要付出比別人多百倍的努力，但努力到極致，以致於徹悟本性、明白天命，也不過是極盡我心的良知罷了。

那麼像我們這些沒有學姐那麼聰明的普通人，是不是只能自怨自艾、自暴自棄呢？

陽明先生說，不論是聰明或愚笨，只要我們願意，都可以通過努力來提升自己、實現自我。

即使是資質魯鈍的人，學姐用一分努力能學好一件事，那當她在追劇時，我們可以用十倍甚至百倍的努力，一樣也能學好那件事。

那個……寫到這裡，我只希望我的話不會讓學姐覺得「聰明」是貶義詞，阿門。

古往今來，我們能看到許多天資不好的人，譬如武俠宗師金庸筆下的郭靖，雖然天資魯鈍，最終卻成為俠之大者，成就了一番別人難以企及的偉大事蹟。憑的是什麼呢？就是人一己百、百折不撓、不懈的努力所致。而一些所謂的聰明人，比如郭靖的義弟楊康，由於養尊處優、心術不正，最後反而一事無成。

《中庸》曰：「人一能之，己百之；人十能之，己千之。果能此道矣，雖愚必明，雖柔必強。」（別人學一次就會了，我願意學一百次；別人學十次就會了，我願意學一千次。如果真能這樣子去做，即使再笨的人，也會變得聰明，即使再柔弱的人，也

會變得剛強。）

這意思是說，雖然我們的資質很一般，但是不要氣餒、不用自卑，學姐能學會的，我們也能學會，只是要比學姐多下百倍的功夫而已。這是勉勵人勤學上進的至理名言。

曾子為儒家五聖（孔子、孟子、顏子、曾子、子思）之一。但是在孔門弟子中，並不算聰明。

《論語·先進》說：「參也魯。」就是說曾子魯鈍、不聰明。但是程子認為「參也竟以魯得之」，曾子雖然不聰明，卻反而在眾多出色的孔門弟子中，得到了孔子的真傳。

正所謂勤能補拙，天賦不足恃，勤奮可以彌補先天資質上的不足。雖然方向和方法很重要，但是有時努力和堅持才是能抵達彼岸的關鍵。

雖然我的記憶力不算好，但是說真的，高二和高三這兩年，我能把國文課本裡所有文言文的課文都背下來。

這一點我還真沒吹牛。因為那時國文老師要求本班同學，上課時國文默寫的隨堂測驗只要有錯，就得在午休時到圖書館去找他補考（因為老師那時還兼任圖書館館長，所以補考地點是現成的），一直到完全正確為止。

「屢戰屢敗」，是扶不起的阿斗；「屢敗屢戰」，則是打不死的小強。

人生在世要當打不死的小強，而不是扶不起來的阿斗。

所以，對待默書我也拿出了小強打不死的精神。一次不過，就去補考；兩次不行，那就三次……，雖然比別人笨一點，要比別人多考幾次。但是就這樣一次又一次，一次又一次地努力到極致。

當然，我也時常對默書這件事的意義感到懷疑，尤其是遇到

第八章
自有法入·從無法出

艱澀冗長的課文時。那時我就會想起郭靖，想到他背九陰真經時的情節。特別是他居然把最後那一大段，完全不知所云的梵文都給背了下來時……。

地球人都知道郭靖只是武俠小說中一個虛構的人物，郭靖背九陰真經更只是小說家虛構的情節。但是當他的人和他的故事能夠感動你、觸動你的良知，進而能讓你知行合一、起而效尤，以致於徹悟本性、明白天命，也不過是為了做最好的自己。

9. 若不用心生活，
人生就會像做了一場白日夢

蕭惠問死生之道。

先生曰：「知晝夜，即知死生。」

問晝夜之道。

曰：「知晝則知夜。」

曰：「晝亦有所不知乎？」

先生曰：「汝能知晝？懶懶而興，蠢蠢而食。行不著，習不察。終日昏昏，只是夢晝。惟『息有養，瞬有存』，此心惺惺明明，天理無一息間斷，才是能知晝。這便是天德，便是通乎晝夜之道而知，更有甚麼死生？」

——《傳習錄》

蕭惠向陽明先生請教生死的奧祕。

先生說：「明白了晝夜的規律，就能知道生死的奧祕。」

於是蕭惠又請教晝夜的規律。

先生說：「知道了白天，就知道黑夜。」

蕭惠說：「還有不知道白天的嗎？」

先生說：「你能知道白天嗎？懵懵懂懂地起床，傻乎乎地吃飯，事情做了，也不知道為什麼這麼做，而對習以為常的事，也不知道為什麼要這麼習以為常，整天渾渾噩噩地過日子，這只是在做白日夢。只有時時不忘存養自己的本心，使它清徹明白，天理沒有片刻中斷，才能算是知道什麼是白天。這就是天德，就是明白晝夜之道而致良知，那時哪還有什麼生死的問題搞不清楚？」

曾經有很長一段時間，我一直以為我考大學那一年，聯考的英文作文題目是「眼鏡」。

直到前些日子，為了寫這一章，我上網查了一下才發現，那一年的題目居然是「近視」。這一驚非同小可，剎那間一段被塵封了多年的記憶，被解壓縮後慢慢地浮現在我心底。

那一年大學聯考英文科考試，當我在考場上看到考卷上「近視」這個作文題目時，我的腦海裡瞬間「神遇」了一篇以「眼鏡」為主題的文章。

為什麼呢？

因為前年大學聯考的英文作文題目是「時鐘」，而模式作文裡「記物」的那一篇範文，就是以它（考古題）為主題來寫的。

第八章
自有法入，從無法出

而我的潛意識（靈感）在第一時間就「取之左右逢源」地把這篇記敘「時鐘」的模式作文，改寫成了描述「眼鏡」的文章。

雖然這篇「眼鏡」改寫得巧奪天工，但是我心如明鏡般地清楚，把「近視」寫成「眼鏡」有文不對題的風險。

退一萬步來講，即使「眼鏡」和「近視」有著千絲萬縷的關係，算不上是文不對題，但「隔山打牛」、「隔靴騷癢」的嫌疑那肯定還是有的。

所以三秒鐘之後，我決定重新構思一篇以「近視」為主題的英文作文。令人傷感的是，一分鐘之後我失敗了。

我發現套用模式作文的話，我可以使用難度系數5.0的高級句型，而且還用得心安理得、得心應手；不套用模式作文的話，即使是只用難度系數3.0的句子，我都還用得膽戰心驚、戰戰兢兢，遑論試試難度系數4.0的句子。

要知道，一篇好文章主要是好在兩方面，要嘛好在思想，要嘛好在文采。

說真的，要在分秒必爭的考場上，以區區百來個字，想要寫出什麼深刻的思想，而且還得要你的英文能力剛好能完美地將其呈現出來，我想這是有難度的。

所以「文采」的展現，就是這場考試的重點。

什麼叫做文采呢？就是同樣一個意思，你能用更加高端、大氣、上檔次的詞句表達出來。

比如說要表露對一個人的喜歡：「我喜歡你」和「縱然萬劫不復，縱然相思入骨，我也待你眉眼如初，歲月如故」。

孰優孰劣一眼便知。

那當下我心裡非常明瞭：如果放棄這一篇「眼鏡」的話，那麼我這「一年」的努力和心血就全部白費了。

模式和考試是死的，但是人是活的

　　考場上時間稍縱即逝，一切已不容我再細想。模式和考試是死的，但是人是活的，只有人能將兩者融匯貫通在一起。我此心不動、當機立斷，決定調整戰略：以這一篇「眼鏡」為藍本來作修正，努力往「近視」的主題無限靠近。

　　一般而言，我的目標是在十分鐘，最多十二分鐘之內解決英文作文。這樣我才能有多一點的時間來應付翻譯和測驗題。

　　雖然考試時間過了快兩分鐘，我連一個字都還沒有寫。但是當我調整好戰略，凝聚好文氣，胸有成竹地開始動筆時，我手中的筆就像宋缺手中的「天刀」，神擬意到，意到手隨。四分之一柱香的時間后，一篇百餘字的英文作文便已寫完收工。

這麼重要的回憶，為什麼會被遺落在記憶的角落，然後拿去墊桌腳了呢

　　搞定作文題後，我緊接著再努力搞定翻譯題和測驗題；解決完英文科後，我得再接再厲去解決其餘的四個科目。於是在那驚心動魄的十分鐘裡，所發生的一連串跌宕起伏、扣人心弦的往事，就這麼被簡化後再壓縮，埋藏在記憶的深處，塵封了二十多年。

　　人這一生不就這樣子，因為忙碌而茫然，又因為茫然而盲目？

　　每天迷迷糊糊地起床，忙忙碌碌地趕著上班、上學。很多事情做了，也不知道為什麼要這麼做，甚至不明白自己到底在忙些什麼。最後只能習慣成自然地跟著慣性盲目前進。日子一天天就這樣渾渾噩噩地過去，直到有一天你赫然發現，人生就像做了一

第八章
自有法入，從無法出

場白日大夢。

　　所以陽明先生說，一個人唯有時時不忘存養自己的本心，每一刻都能感受到心的跳動，則此心清澈明白，與天地的律動合而為一。

　　把每一天都過得明明白白，不論做什麼事都能了然於心。到了這種境界，就是領悟了上天的德行，也就是真正通曉了晝夜之道。

　　這時再來看這世間的一切，無非就是「道」的自然運行而已，哪還有什麼生死的問題？

第九章

如果在這裡放棄的話，
那比賽就結束了

1.追逐表面的成績，會有助長外馳之弊

2.停課自學

3.在沒有人看到的地方偷偷努力

4.承認自己的弱點是克服它的第一步

5.最難的不是1到100的距離，而是0到1

6.亂到最高點，心中有秩序

7.至誠可以前知

8.收縮戰線，才能集中兵力；分割包圍，才能各個擊破

9.主一是專主一個天理

10.勇氣不是梁靜茹給的，而是自己爆發的

1. 追逐表面的成績，
會有助長外馳之弊

又曰：「立志用功，如種樹然。方其根芽，猶未有幹；及其有幹，尚未有枝；枝而後葉；葉而後花實。初種根時，只管栽培灌溉，勿作枝想，勿作葉想，勿作花想，勿作實想。懸想何益？但不忘栽培之功，怕沒有枝葉花實？」──《傳習錄》

陽明先生又說：「立志下功夫，就像種樹一樣。剛有根芽的時候，還沒有樹幹；等到有樹幹了，還沒有樹枝；有了樹枝之後，才會發葉；發葉之後才會開花、結果。起初種下根芽的時候，只需要栽培灌溉，不必想到往後的枝、葉、花、實。空想這些有什麼用？只要不忘栽培灌溉的功夫，何必擔心沒有枝、葉、花、實？」

　　高三最後一次模擬考成績公布後不久的某一天，本班的地理老師請假，所以由三班的地理老師來代課。班上有些「好事之徒」就趁機問了來代課的三班地理老師：你們班的薛小傑同學有沒有可能拿（大學聯考第一類組）榜首?！

　　地理老師被這天外飛來的一問給震到（哇哩……這關我什麼

事阿?!），只好很尷尬地回答說：那個……人家北一女還有很多很厲害的……。

　　其實這也不能怪那位同學「多事」，實在是那個薛小傑同學太誇張了。在我印象中，這傢伙一直都是（第一類組）全校第一名，當然這還不能和大學聯考榜首畫上等號。之所以會讓人忍不住想要有此一問，是因為這次模擬考特別的難，大部分的人都考得爆爛，我記得我才考了320幾分，而這位同學居然考了480幾分！

　　這之後不久，距離大學聯考前一個多月的某一晚。

　　那一晚月黑、風高、夜深、人不靜。

　　我爸不知為何突然心血來潮地找我說話。他先是語重心長地告訴我：「書讀不好沒關係，不要把身體也弄壞了」（……怪了，我從來不熬夜）。接著再用很沉重的心情告訴我，他認為我考不上大學，因為根據他的觀察，**我高三這一年的所有模擬考成績，「從來就沒有」達到過大學聯考的「最低」錄取標準。**

　　這其實讓我嚇了兩跳。

　　首先，那一年我自己都沒有留意過我的模擬考成績，我真沒想到我爸居然比我還清楚。

　　接著，我認真思考了一下，發現他說的還真是事實。

　　老實說，凡是辛苦耕耘的人都想歡笑收穫，我為何不問收穫？因為我採取的是穩紮穩打的策略，無法在短時間內看到收穫，所以只好不聞不問。

　　「別讓你的孩子輸在起跑點」，一切似乎都從這個廣告開始的。從此，「贏在起跑點」成了眾多家長矢勤矢勇的奮鬥目標。事實上，如果拿聯考與模擬考相比，模擬考是百米短跑的話，聯

第九章
如果在這裡放棄的話，那比賽就結束了

考則是42公里的馬拉松。

　　我不想贏在起點，卻倒在終點前。

　　不過慢歸慢，我相信「凡是含淚播種的，必歡笑收割」。

　　就像陽明先生說的：「先播下種子，然後發芽，接下來有枝、有葉、有花，最後有果實。這是一個漫長的過程，每一步都要走得踏踏實實，不要揠苗助長。有枝時不要想著什麼時候有葉，有葉時不要想著什麼時候有花。

　　只要不忘栽培灌溉之功，還怕沒有枝、葉、花、果？」

　　既是如此，又何必「朝朝頻顧惜，夜夜不相忘」呢？

2. 停課自學

　　先生曰：「子夏篤信聖人，曾子反求諸己。篤信固亦是，然不如反求之切。今既不得於心，安可狃於舊聞，不求是當？就如朱子亦尊信程子，至其不得於心處，亦何嘗苟從？──《傳習錄》

　　先生說：「子夏虔敬地相信聖人，曾子則切實地反省自己。相信聖人雖然不錯，但不如自己反躬自省來得真切。現在既然你自己心裡沒有想清楚，怎麼可以因循拘泥於舊的學說，而不去探究真正的道理呢？就像朱熹，雖然他也尊崇、相信二程，但是對義理上有不得於心之處，他又何嘗盲目跟從？

大學聯考前五週，我校高三學生開始停課，也就是說從此再也沒有人會來管你。你可以到學校自學，也可以在家裡或任何你喜歡的地方，做考前的最後衝刺。（當然也可以選擇放棄，那邊涼快那邊去！）

說真的，我最喜歡「自學」了。

聖人之學本是心學，只有自得於心的學問才是聖人之學。

我很欣賞陽明先生所說的，「如果一句話不能和你的心相契合，即便是孔老師說的，它也是廢話。」（夫學貴得之心，求之於心而非也，雖其言出自於孔子，不敢以為是也）

陽明先生又說，聽從老師傳授的知識固然不錯，但遠不如自己領悟的道理，更能自得於心。

許多偉大的聖人都鼓勵自學，因為他們都明白一個求知的基本道理：「師父領進門，修行在個人。」學生本身的領悟才是最重要的，老師只是擔任啟發的輔助角色。

雖然我們不能控制風的大小，卻可以調整帆的方向

那時候大學聯考地理科的題型「已經」有了重大的轉變。大概在三、四年前，地理科的選擇題題型由多選改為單選。

雖然我只是個學生，但是我覺得對於大學聯考的趨勢，我有著比老師更醒目的認識。這樣子的改變就表示：以前會考的那些片段、鎖碎的內容，以後就不太可能再出現在大學聯考的試卷上了。

但是學校摸擬考的地理科試卷上，多選題卻依然是選擇題題型的主流，而內容也依然是一堆片段、鎖碎的小題目。

第九章
如果在這裡放棄的話，那比賽就結束了

老師逆大學聯考趨勢的理由非常的冠冕堂皇、耳熟能詳：
「取法於上，僅得為中。」

所以，老師平時做120％的要求，聯考時學生才能發揮100％的實力。

老師強人所難時，其一片用心良苦根本容不得學生做任何的反駁。

好吧，雖然我改變不了老師，但是我可以改變自己。所以我一直不隨老師的波、不逐模擬考的流，默默地走自己的路。

儒家的聖人孔子說：「學生如果不經過思考並有所體會，想說卻說不出來時，就不去開導他；如果不是經過冥思苦想而又想不通時，就不去啟發他。」（子曰：『不憤不啟，不悱不發』。──《論語·述而》）

佛家的聖人釋迦牟尼說：「不可說。」也就是不可說盡，不可盡說。留點餘地給他人悟。因為自己悟出來的東西最珍貴。

為什麼天天讀《榜首滿分筆記》仍然考場失意？為什麼日夜學《榜首學習祕訣》還是沒啥效果？

因為心外無物──心外沒有讀書祕笈；心外無理──心外沒有考試祕訣。

別人的祕訣再好，那也是別人的。如果與你的心不相合，你學了又有什麼用？如果和你的心相合，但是你沒有經過那種「困於心，衡於慮」的折磨，終究會落入「紙上得來終覺淺」的魔咒。

所以，想要擁有獨立的思考、自我的思維，就必須要有自學的勇氣和行動。

既然喜歡自學，那蹺課就是正常的事了，高二起我就經常

「自學」。

　　我記得那時候學校有一份「缺曠課紀錄表」，每週發給各班，公告該班學生上週缺曠課的情況。這張表後來被本班的同學戲稱為「蹺課排行榜」，反正那是一個什麼都要比排名的年代。

　　高三起我就一直努力，讓自己保持在這份排行榜上的六至十名。為什麼呢？

　　因為基於「槍打出頭鳥」的原則，前五名比較容易得到班導和教官「關愛的眼神」，所以必須避開。而保持在六至十名才能最大限度地運用可以「自學」的額度。

　　那一年我始終堅持自己的做法，原因只有一個：我認為自己是在致良知。

3. 在沒有人看到的地方偷偷努力

　　正之問：「戒懼是己所不知時工夫，慎獨是己所獨知時工夫，此說如何？」

　　先生曰：「只是一個工夫。無事時固是獨知，有事時亦是獨知。人若不知於此獨知之地用力，只在人所共知處用功，便是作偽，便是『見君子而後厭然』。此獨知處便是誠的萌芽。」——《傳習錄》

　　黃正之問：「戒懼是在自己不知道時下的功夫，慎獨是別人不知而只有自己知道時下的功夫，這麼說對嗎？」

第九章
如果在這裡放棄的話，那比賽就結束了

先生說：「兩者只是一個功夫。無事時固然是獨處，有事時也是獨處。人如果不在這獨知的地方用功，只在人人都知道的地方用功，就是造假，就是『見到君子然後收斂惡行』。這獨知的地方便是誠意萌芽的地方。」

自學是一種自我管理，和自我管理相反的則是外部管理。

舉凡台灣的「考前衝刺班」或大陸的「高考村」、「高考工廠」大概都是這一類的產物。

而外部管理，說穿了就是朱熹式的「存天理」。

按心學的說法，一個人的良知只要不被遮蔽，知道了就必會去行。特別是後來的左派心學，第一步就是讓人擺脫外在的束縛，以內在的良知為依歸。真有良知，不必外在約束；若無良知，外在的約束又豈能對內在的心產生作用？

無奈的是，這世上大部分人的良知都被遮蔽了，以致於知而不行，所以朱熹認為必須要依靠外界的力量把「知」作為規範。你只管去行，不必在我的規範上致良知。不用想是對是錯，按照規範去行就是循天理。

這雖然能大大提高效率，然而這樣的規範因為是心外之物，所以被許多人當成是「一紙具文」，往往有人看到時就假裝很努力，沒有人看到時則依然故我。

陽明先生說：如果只在有人看到的地方用功，沒人看到你就不用功，這就是弄虛造假。

而人一旦想造假，就會發生很多「假裝很努力」，自欺欺人的事情來。

說真的，**我念南一中時，只看過「假裝不努力」的，從來沒有看過「假裝很努力」的**。所以只能舉個在書上看到的例子。

在《負負得正的人生奧義書》這本書裡作者提到：

> 小時候，父母發現他的字不好看，覺得是他拿筆的姿勢不對，於是買了一個握筆矯正器給他。有大人看的時候，他會認真拿著裝上矯正器的筆寫字，表演他的認真。然後再找機會讓矯正器消失……。後來，父母又聽說寫書法可以練字，於是就幫他買了全套的文房四寶，每天逼他練字帖。一開始他認真寫了幾張，然後又把毛筆搞失蹤。接著開始裝死……。之後只要有人問他為什麼字這麼醜，他就會跟他們說，他有努力練習過：拿過矯正器、練過書法，還寫日記練習，但都沒有用，他的字醜是天生的。但是只有他自己知道，他只是讓自己「看起來很努力」而已。事實上，每一次的「努力」，他都沒有認真過。
>
> 大多數人「努力」的意義，大概就像他練字這樣，只是為了欺騙自己和表演給別人看的而已。

所以說，人最需要的管理不是外部管理，而是自我管理。這也就是儒家一向非常強調的修心功夫：慎獨。

而慎獨便是誠意萌芽的地方。

第九章
如果在這裡放棄的話，那比賽就結束了

4. 承認自己的弱點
是克服它的第一步

　　後儒不明聖學，不知就自己心地良知良能上體認擴充，卻去求知其所不知，求能其所不能，一味只是希高慕大，不知自己桀、紂心地，動輒要做堯、舜事業，如何做得？終年碌碌，至於老死，竟不知成就了個什麼，可哀也已！——《傳習錄》

　　後世儒者不明白聖人的學說，不知道從自己的良知良能上去體察認識，進而擴大充實，卻偏要去追求知道自己所不能了解的事情，去做自己所不能做到的事情，一味地追求那些不切實際的東西，不知道自己的心胸是桀、紂那樣的境界，還動不動就想做堯、舜那般偉大的事業，這怎麼做得到呢？只好終年勞碌，直到老死，也不知道到底成就了什麼，真是悲哀啊！

　　按照「成功學」或「心靈雞湯」的說法：人應該要不斷地去催眠自己，用積極的心態去做事。但是假如你的所做不符合自己所想，所想又不符合天理，連你自己都不相信，知行不一致的話，只憑腦充血的「愛拚才會贏」，失敗就只是風吹幡動、水到

渠成、順理成章的事了。

這也是心靈雞湯在90年代大火，後來卻被視為毒雞湯的主要原因——「不知自己桀、紂心地，動輒要做堯、舜事業，如何做得？」。

人生不是贏了才開始，
而是了解自己並接受自己以後才開始

《灌籃高手·全國大賽篇》中，湘北與日本高中籃壇的王者——山王之戰，湘北的主將赤木遭受了前所未有的打擊。

面對全國級別的超級中鋒河田（大），赤木被其徹底摧毀後信心整個崩潰，場上的隊友激不起他的鬥志，場下的總教練安西老師也沒有辦法能夠喚醒自己球隊的隊長。

好在曾經的對手魚住出場了！

這是《灌籃高手》中很經典的一個橋段：魚住身著廚師服，削著蘿蔔說：「**球技華麗的河田是鯛魚，你（赤木）則是笨拙的比目魚，只配在爛泥裡打滾。**」

也就是這次的喚醒，赤木終於認清了自己，並改頭換面，成為一個更加適合湘北的團隊球員。這才是赤木的巔峰時刻，而不是原來的那個「神奈川第一中鋒」！

《灌籃高手》是我唯一蒐集了一整套的漫畫書，這部在我高中時橫空出世的漫畫不可否認地影響了我整個青春年少的美好時光。一開始，我只是想用一本漫畫書打發一堂無聊的自習課；誰知道，這個籃球的夢想卻燃燒了我熱血的青春。

雖然只是一本描繪青春和夢想的籃球漫畫，但是其中卻隱藏了不少哲理。

第九章
如果在這裡放棄的話，那比賽就結束了

為什麼一個只有桀、紂那樣心胸境界的人，卻會動輒想要做堯、舜那般偉大的事業呢？

除了像赤木這樣，在山頂上待久了，以致於不知道「人外有人，天外有天」。不少人在選擇目標時，恐怕都曾受了唐太宗《帝範》中所說：「取法於上，僅得為中。取法於中，故為其下。」的影響。總以為把目標訂得越高越好，不但有「正常版」的目標，還要再搞個「挑戰版」。結果是「正常版」的目標從來沒有達到過，更惶論「挑戰版」的。

一個人去做他不喜歡做的事情，成功的機率幾乎為零

經過在南一中這三年多的浮沉（好像沒有浮只有沉）讓我看清了自己有多少斤兩。

所以，首先我調整心態，把目標訂在八十分就好。

在兵學上，這叫做「戰略性撤退」；用儒學的語境來講，這叫「素其位而行」。

我發現放棄那二十分，我就可以少念八成的內容（二八法則）。這樣做的好處，不只是減少了80％的量，更重要的是，剩下那20％的內容，是我覺得「有意義」（重要、會考）的，是我念得來的。

如此「心與意合，意與力合，力與事合」，念起來特別帶勁、注意力特別集中。所以在過程中根本感覺不到累。

5. 最難的不是1到100的距離，
   而是0到1

為學須得個頭腦，功夫方有著落。縱未能無間，如舟之有舵，一提便醒。——《傳習錄》

治學必須有個主意，功夫才能落到實處。縱然還不能做到無間斷的用功，但也能夠如船上有舵，一提便明白，在關鍵的地方能把握得住方向。

　　停課第一天，雖然不用上學，但是我起得比平常還要早。這是我的習慣，從小到大只要是放假，我一向起得比上學或上班時還要早。

　　雖然起了個早，但是其實我還沒有想好該如何開始。

　　我一直期待著停課的到來，總覺得會有奇蹟在停課之後發生。可惜我猜中了結局，卻沒有猜中那開頭。

　　而接下來發生的事情，我只能用峰迴路轉來形容。

　　據說以往學校都是在大學聯考前一個月，也就是六月份才開始停課。今年卻不知為何提前了一週，在考前五週時就開始放牛吃草了。

然而四週跟五週相比有意義嗎？

我心裡很清楚，如果不能找到那個「遁去的一」（出自武俠宗師黃易的《大唐雙龍傳》，在此引申為「隱遁的一線生機」），變的只是停課天數，不變的則是落榜的結局。

這多出來的一週對別人有沒有影響我不知道，但是對我而言卻是改變全局的開始。

順境跑車逆境佛，絕境妖刀斬亂魔

NBA球迷有一句順口溜：順境看帕克，逆境看鄧肯，絕境看馬努！

湯尼帕克，馬刺控衛，江湖上人稱法國小跑車；提姆鄧肯，馬刺大前鋒，外號石佛；馬努吉諾比利，馬刺後衛，外號妖刀。

《灌籃高手》漫畫迷也有一句順口溜：順境看流川，逆境看三井，絕境看櫻木。

這兩句順口溜說的其實都是同樣的道理：**不同時機，要用不同人材；非常時期，要用非常手段。**

假如時間只剩下五分鐘，而你卻在一場籃球比賽中落後對手二十分的話，你會做些什麼呢？

當然是Run & Gun，快攻、快攻、再快攻……。

一般而言，「參考書」每一課的開始，一定是該課的課綱或是課前提要（視各家版本的不同而異）。

要快的話念這個最快了！

於是我就從本國地理開始，這是我的第一個念頭。

有個老師說，這幾年可能因為政治因素的關係，本國地理的出題占比已經減少了很多，建議我還是放棄好了……。真是怪

了，那陣子老是有人要我放棄。還好我一直記得安西老師說過：「**如果在這裡放棄的話，那比賽就結束了。**」既然現在多了一週的時間，那我起碼可以花個一天的時間，試試「死馬當活馬醫」。

看到這裡你肯定在偷笑：這不典型的「病急亂投醫」嗎?！

雖然是「死馬當活馬醫」，但是我此心不動，做事還是有我的邏輯滴。

念完如何知道有沒有成效呢？做一下測驗題就知道了！

「參考書」的每一課後面，也必定是一堆測驗題。但是這麼多測驗題如果要全部做完，時間肯定不夠。

所以我只做了大學聯考的考古題，而且因為題型的改變（由複選題改為單選題），我還只做了最近三年的題目。

結果呢？當然是一題也沒答對。

說真的，學習如果有捷徑的話，那世上就沒有認真學習的人了。

然而這個看似無厘頭的行為，並不是全然沒有收穫。

因為在答題的過程中我發現，這些題綱雖然完全應付不了那些考古題，但是卻又和那些考古題有著千絲萬縷的關係。

俗話說得好：「凡走過必留下痕跡，凡住過必留下鄰居，凡爬過必留下樓梯，凡考過必留下成績。」事實上，考過之後留下的不只是成績，還有考古題！！

那一瞬間，我的直覺告訴我：將這些考古題，按照性質整理到相關的題綱之下，應該有搞頭。

按照心學的說法，直覺就是良知。我是個知行合一的人，既然有了眉目，我決定順藤摸瓜。

第九章
如果在這裡放棄的話，那比賽就結束了

那些參考書的題綱間距往往又大又寬，以前我老覺得這樣一大片留白的排版方式根本是在騙書錢，想不到現在反而派上用場！

架構有了，要填充什麼內容也知道了，剩下的就是執行的問題而已。

是要把後面的考古題抄到前面的題綱下，還是要把它剪下來貼上呢？

時間不是問題，問題是沒時間。所以做這個決策很簡單。

假如時間只剩下三十五天，而你卻離大學聯考的最低錄取標準還差四十分的話，你會做些什麼呢？

以我大學聯考的成績420幾分，和最後一次模擬考的成績320幾分來做比較，等於我在停課開始時還落後了一百分。這一年來，我連360分的邊都沒有摸到過，要想考到400分以上，這不是奇蹟而是做夢。

地球人都知道，**想讓夢想成真不能只靠努力和決心，還需要能力和方法。**

可惜的是，一般人讀書從來只是為了應付考試，很少深入去研究什麼讀書方法。

朱熹根據自己的讀書經歷，寫出了流傳千古的《讀書之法》。他的學生將他的《讀書之法》再整理後，史稱「朱子讀書法」。簡單來說，「朱子讀書法」有四點：一、讀書要有儀式感。「凡讀書，須整頓几案，令潔淨端正，將書冊齊整頓放，正身體……。」（讀書之前，必須先將桌子整理乾淨，將書本整齊地放好，人要挺胸坐正，才可翻開書本……。）

停、打住，「朱子讀書法」不適合我，格物完畢。

順境看理學，絕境看心學

理學在此時派不上用場，我想即使朱子復生，恐怕也難以格出能在三十五天內進步一百分的「天理」來。

「順境看理學，絕境看心學」。因為心學家們大都是殺手級的比賽型選手。而在絕境中暴發出奇蹟般的神祕力量，更是心學的殺手鐧。

陸九淵說：「我在那無事時，只是一個無知無能的人。一旦到那有事時，我便是一個無所不知、無所不能的人。」

王陽明說：「你只需要專注你的良知，不要讓它被私欲遮蔽，天下所有的道理都會在你行動時出現。」所以陽明又說：致良知是學問大頭腦，是聖人教人第一義。（《傳習錄》）就是這個道理。

他的詩：「人人自有定盤針，萬化根緣總在心，卻笑從前顛倒見，枝枝葉葉外頭尋。」可說是在悟得良知是學之頭腦時，藉詩句的形式表達出來的肺腑之言。

學有頭腦，猶如舟上有舵，縱偶有間斷，然一旦提撕之，也就覺醒了。

我在南一中念了四年，卻在沉睡了三年十個月又三週之後，開始覺醒！

第九章
如果在這裡放棄的話，那比賽就結束了

6. 亂到最高點，心中有秩序

　　教人為學，不可執一偏。初學時心猿意馬，拴縛不定。其所思慮，多是人欲一邊。故且教之靜坐，息思慮。
——《傳習錄》

　　教人做學問，不可固執某一邊。剛開始學習時，內心浮躁，心如猿猴在跳，意如烈馬奔馳，無法安靜下來，他所思慮的，多是那些亂七八糟的事。因此就教他靜坐，平息閒思雜慮。

　　儒家認為，唯有明白至善存在於自己的心中，才能夠使自己志向堅定；志向堅定才能使心靈進入寧靜的狀態；在這種寧靜的狀態下，才能夠心安理得；心安理得才可思慮周詳；思慮周詳才能正確認識事物的本質；正確認識事物的本質，才能獲得大智慧。（《大學》：「知止而後有定，定而後能靜，靜而後能安，安而後能慮，慮而後能得。」）

　　所以，陽明先生教我們學習時要先平息閒思雜慮，這樣才能提高專注力，也才能提高學習效率。

　　其實不論做任何事，只有先搞定心情，保持內心的寧靜，才能搞定事情，把事情做到正確完美。

一念不起為「坐」

談到靜坐，一般人都以為靜坐一定要打坐。所謂老僧入定，要眼觀鼻，鼻觀心……，這樣才叫做靜坐。

但是，從六祖慧能大師的教誨中，可以瞭解靜坐並不是這麼一回事。

當時有位官員問慧能大師：「現在京城參禪的大德們都說，我們要覺悟必須要坐禪習定，請問大師您有什麼高見？」

慧能大師回答說：「道由心悟，豈在坐也。」

懷讓禪師也說過，「磨磚不可作鏡，枯坐豈可成佛」。

「靜坐」其實是指放鬆入靜、排除雜念。主要是為了讓人變得安定祥靜，然後進入忘我之境。

當然，陽明先生在這裡提倡靜坐，不是為了讓人愉悅身心。而是為了讓為學者心能靜下來，然後好好做學問，不然心學就成了禪學了。就好像所有的勵志故事也不只是為了讓你感動一下，如果真是這樣，那就變成心靈雞湯了。

印象中，恰恰從停課的那一天起，台南也剛好開始下起了綿綿細雨。

聽著窗外淅瀝瀝的雨滴滑落，我的心底竟出奇的寧靜，就像一個戰將，在生死立判的戰陣裡，心中古井不波，絲毫不起任何驚懼之心，冷然自若地尋求一擊敗敵的策略。

這種冷靜是我這幾年來遇到艱難困頓時，所學到的一種解決問題的能力。

那些天裡，每天天一亮，我就開始剪剪貼貼。

為了怕膠水沒乾，各頁會黏在一起，我會把黏好的半成品分

散，鋪在書桌上晾乾，結果兩張書桌不夠用，我就把整張床再鋪滿。

那時如果你不小心從窗外往我房裡望一眼的話，就會發現我整個房間被一大堆紙片所占滿的奇景。

明白的人知道，我是在做大學聯考的最後衝刺；不明白的人還以為，我已經發瘋癲狂了！

「別人笑我太瘋癲，我笑他人看不穿」

事實上，我發現剪剪貼貼的美勞工作，不但能釋放壓力，而且還能蕩滌雜念有助於集中專注力。

而當你能駕馭壓力時，壓力就可以變成你的助力，因為壓力可以讓你更專注！

然後，我感覺到「大師兄回來了」！

在整個高中生涯中，我總是失魂落魄似地，無法集中精神。但是從那一刻開始我一心一意、物我兩忘地專注在這些剪剪貼貼的動作之中……。

專注鑄就成功。在這種情況下，往往最容易出現奇蹟。

7. 至誠可以前知

　　子思所謂「至誠如神，可以前知」者也。然子思謂「如神」，謂「可以前知」，猶二而言之，是蓋推言思誠者之功效，是猶為不能先覺者說也。若就至誠而言，則至誠之妙用即謂之「神」，不必言「如神」；至誠則無知而無不知，不必言「可以前知」矣。——《傳習錄》

　　這就是子思所說的「至誠如神，可以前知」。但是子思說的「如神」「可以前知」，還是分作兩件事來說。因為他是從推究思誠的功效上而言，也還是對那些不能覺悟的人所說的。如果就至誠而言，那麼對至誠的妙用就稱作「神」，而不必說「如神」；能至誠就能無知而又無所不知，那麼就不必說「可以前知」了。

　　這段話出自《中庸》：「至誠之道，可以前知。」（達到至誠的境界，人就自然有前知了。）

　　「前知」就是先知，而「至誠」二字，正是竅門所在。

　　婁諒，明代著名理學家。——陽明先生年輕時曾向他求教，並得到「聖人必可學而致之」的啟迪，可說是陽明先生求聖之道

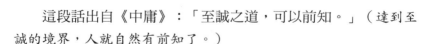

第九章
如果在這裡放棄的話，那比賽就結束了

的啟蒙老師。

婁諒曾去南京參加進士考試，可是到了浙江衢州卻突然返回。他老爸見他回來了驚詫萬分，問他情況婁諒卻非常神祕地說：「此行非但不第，且有危禍。」為防萬一，他才回來了。這理由實在是太扯蛋，他老爸萬分氣憤卻也無可奈何。當此之際，竟然從南京傳來消息：這次春闈因考場失火，考生被燒死九十餘人。經過這件事，大家都覺得婁諒是半仙，非常佩服他的神通。而婁諒自己卻認為這是他鑽研理學，「靜久而明」的結果，也就是儒家常說的天人感應。

而在陽明學案中，陽明先生也玩過「前知」的神通。

最有名的故事就是他31歲時，為養病回到浙江余姚老家，開闢陽明書院草堂，靜坐修習道家導引術，一月後竟然得了天眼通。當時有四個朋友來訪，人還很遠陽明先生就派童子去迎接，讓朋友大為驚異。後來問起能夠預知的理由，陽明先生笑答：「只是心清。」後來很多人來找陽明先生請教吉凶禍福，陽明先生也大多能說中，大家都以為他這是得道了，陽明先生卻說：「此簸弄精神，非正覺也。」之後便絕口不再為他人預知未來。

真相只有一個

我本來想放棄，後來抱著姑且一試的心態，花了一個星期「死馬當活馬醫」的地理，大學聯考卻考了83分——是我所有科目裡的最高分，為什麼呢？

因為我所念的那20％的內容，還真命中了那80％的考題。

哇哩，莫非我也能前知嗎？那麼要如何才可以前知呢？

前面提到過「至誠」二字，正是竅門所在。

「誠」的關鍵就在於「格物」，也就是正念頭。

「高手做事先搞定心情，再搞定事情」。在做一件事情時，要能夠發自內心真誠地去做。只專注於做好眼前的事情，慢慢地你會忘掉周遭的一切、然後忘掉時間，甚至忘掉自己，最後達到物我兩忘的境界。沒有閒思雜念的干擾，人的洞察力就會提升，就能「心如明鏡、無物不照」。

撇開唯心的部分不論，單從唯物的角度來看：所謂的」前知」，無非就是「見微知著」，能從已經發生的事情的細節中，洞察事態的走向，並推測出即將發生的事情。

所以《中庸》又說：「國家將興，必有禎祥；國家將亡，必有妖孽。」

這是說，這世上任何事情的發生，都是有預兆的。只要你心如明鏡、眼如顯微鏡，對事物的規律觀察入微、掌握透徹，就能夠前知。這就是「至誠如神，可以前知」。

考古題與題綱間的關係，出題的趨勢和規律

我想很多人都知道，**大學聯考80％的考題都來自於20％的內容**，也就是所謂的「二八法則」。然而大部分對於「二八法則」能琅琅上口的人，其實從來沒有能看出那「有意義」的20％是什麼。

就像很多人都聽過「避實擊虛」，但是臨事卻很少有人能看透事物的虛實一樣。

我忘了是那一位老師說過：考高中就像在池溏裡撈魚，只要肯努力一定能撈得到；考大學則像是在大海中捕魚，不是光憑努力就可以補到魚的。

這段話本來只是個比喻，說明考高中和考大學的難易度不

第九章
如果在這裡放棄的話，那比賽就結束了

同，所應該採取的學習方法也不同。但是這個比喻給了我一個靈感！

如果把這些題綱看成是一個個的海域，而這些考古題是魚的話。那麼哪個海域有魚，哪個海域沒有魚；哪個漁場魚多，哪個漁場魚少，如今完全一目了然。

武俠宗師黃易在《大唐雙龍傳》裡，記敘真言大師傳授徐子陵「九字真言印」時寫道：「真言大師傳他的『九字真言手印』，就像一個大海般把所有川漢河溪的水流容納為一，讓他把以前所有領悟回來的心得，化為圓滿而又創意無窮的體系。」接下來的這個決策，是改變全局最重要的一個關鍵。

我以這些「漁多的漁場」為標的，把課本上所記，以前所有領悟的相關心得，包括老師上課時的筆記還有每次月考後的總結，去蕪存菁後匯總到相關的「漁場」裡。用這些題綱將它們化為圓滿而又創意無窮的體系。

善用兵者，不拘泥於固定的章法，只憑臨陣對敵時的隨機應變；用心學的語境來說，剎那間的感悟，就是致良知。

這種感悟我曾經有過，雖然開局很荒謬，但是結局很美好。所以，即使思路還未清晰，我依然立刻付諸行動。

8. 收縮戰線，才能集中兵力；
分割包圍，才能各個擊破

問：「『惟精』『惟一』，是如何用功？」

先生曰：「『惟一』是『惟精』主意，『惟精』是『惟一』功夫。非『惟精』之外復有『惟一』也。『精』字從『米』，姑以米譬之：要得此米純然潔白，便是『惟一』意。然非加舂簸篩揀『惟精』之工，則不能純然潔白也。舂簸篩揀是『惟精』之功，然亦不過要此米到純然潔白而已。博學、審問、慎思、明辨、篤行者，皆所以為『惟精』而求『惟一』也。」——《傳習錄》

陸澄問：「如何做『惟精』和『惟一』的功夫？」

先生說：「『惟一』是『惟精』所要達到的目的，而『惟精』則是『惟一』的實現手段。並不是在『惟精』之外另有『惟一』。『精』字是『米』字旁，我們姑且就用米來做個比喻。想要使大米純淨潔白，便是『惟一』的意思；但是如果不對米進行舂、簸、篩、揀的精選程序，那麼大米便不能純淨潔白。舂、簸、篩、揀便是『惟精』的功夫，其目的也只不過是使大米純淨潔白罷了。博學、審問、慎思、明辨、篤行，都是通過『惟精』的手段，來達到『惟一』的目的。」

第九章
如果在這裡放棄的話，那比賽就結束了

收縮戰線，集中兵力

做決策不難，難的是做出的決策合理而且有可操作性。

一般人常常把精力放在與目標無關的小事上，而忘記自己應該去做什麼才能獲得成功。所以想要成功一定要先學會放棄與目標無關的小事，這叫做「收縮戰線」。

人只有捨棄該捨棄的，才有機會得到其想得到的，這叫做「捨得」，有捨才能有得。這樣你才能有足夠的時間和精力，去專注你該專注的地方，這就叫做「集中兵力」。

我放棄沒有「魚」的海域和「魚」少的漁場，這叫做「收縮戰線」；然後將100％的精力和時間都投入在20％「魚」多的漁場，這就叫做「集中兵力」。

「集中兵力」是「收縮戰線」所要達到的目的，而「收縮戰線」則是「集中兵力」的實現手段。

人阿，如果總是想著這個不錯，那個也很好；什麼都想學，什麼都只會一點點。那結果必然是樣樣通、樣樣鬆，什麼都做不好！

分割包圍，各個擊破

要想發揮潛力，你就必須全神貫注在一個具體的目標上，因為目標能幫助你集中注意力。這時目標越小，你的注意力就越能夠集中。所以要把大目標分割成幾個中目標，再將每個中目標分割成幾個小目標，這叫「分割包圍」。

然後再把精力集中，一次解決一個小目標，接著把幾個小目標累積成一個中目標，最後再把幾個中目標累積成一個大目標，這就叫「各個擊破」。

我把六冊地理分成六天，一天解決一冊，還可以預留一天當保險。把每一本參考書的課前題綱都撕下來，每一章的內容按照課前題綱的編排來做畫分，這叫「分割包圍」。

　　一次專心解決一個題綱。遇到該放棄的馬上放棄，絕不戀棧；遇到該深入研讀的就再往下鑽研下去，這就叫「各個擊破」。

　　「各個擊破」是「分割包圍」所要達到的目的，而「分割包圍」則是「各個擊破」的實現手段。

　　俗話說：「一口吃不成胖子。」

　　荀子說：「不積跬步，無以至千里；不積小流，無以成江海。」

　　所以，飯要一口一口吃，路要一步一步走。

　　成功不是靠奇蹟，而是靠一點一滴的「累積和軌跡」。

下過化繁為簡的功夫，才會有以簡馭繁的功力

　　看到這裡，我想肯定有人會問，去書局買本出版社出的總複習參考書，不是既省時又省力嗎？

　　在我看來這是愚蠢的做法：考前一個月另外去買總複習的參考書，在勞民傷財的同時，新買的書也不一定就比原來的更實用。而念的版本越多，只會分散原本就不夠用的時間，增加自己的壓力。

　　更重要的是，沒有自己下過化繁為簡的功夫，來整理這些內容，將來上了考場，你就不會有以簡馭繁的功力。

　　我們姑且就用本章中，「製作大學聯考地理科祕笈」這件事來做個譬喻，就能非常清楚陽明先生這段話的含義了。

　　「獨門祕笈」是「剪剪貼貼」所要達到的目的，而「剪剪貼

貼」則是「獨門祕笈」的實現手段。

　　想要完成一本「最適合自己的考試祕笈」，便是「獨門祕笈」的意思；但是如果不對祕笈內容，依據你的良知來進行剪剪貼貼的精選程序，那麼祕笈便不能達到完全符合自己良知的境地。

　　剪剪貼貼便是「惟精」的功夫，其目的也只不過是使祕笈完全符合自己的良知罷了。博學、審問、慎思、明辨、篤行，都是通過「剪剪貼貼」的手段，來達到製作「獨門祕笈」的目的。

　　所以，「剪剪貼貼」不是在做美勞作業，而是博學、審問、慎思、明辨、篤行的手段。

　　這種賭博式的念法真的可行嗎？

　　從風光明媚走到山窮水盡，再從山窮水盡走到柳暗花明。

　　我比任何人都更明白一個道理：機會從來不是別人給你的，而是自己給自己的。

　　只有你不敢想的事，沒有不可能的事。

　　Impossible is nothing. Just do it.

9. 主一是專主一個天理

　　陸澄問：「主一之功，如讀書則一心在讀書上，接客則一心在接客上，可以為主一乎？」

　　先生曰：「好色則一心在好色上，好貨則一心在好貨上，可以為主一乎？是所謂逐物，非主一也。主一是專主一個天理。」──《傳習錄》

　　陸澄問：「對於主一的功夫，是不是讀書就一心在讀書上用功，招待客人就一心在招待客人上用功，這是否就是專注呢？」

　　先生答說：「好色就一心沉迷於美色上，貪財就專心致志在欲財上，這能叫作主一嗎？這叫追逐物欲，不叫主一。主一，就是一心專註於天理大道上。」

　　在了解什麼是「主一」之前，我們先來了解一下，什麼是「一」？

　　一：是老子用以代替「道」這一概念的數字表示，即道是絕對無偶的。（《道德經》第四十二章：道生一，一生二，二生三，三生萬物。）

　　而道家所說的道，即理學家所說的理。

第九章
如果在這裡放棄的話，那比賽就結束了

那什麼是「主一」？

用程頤的話來說就是「主敬」（《二程粹言》：「主一之謂敬。」），也就是專心致志。做一件事就專心地做，並由此格出天理。

但是陽明先生卻認為，「主一」並不是那回事。他說，如果「主一」是專心致志的話，那麼好色就一心一意地泡妞，貪財則專心致志地撈錢，這種專心致志可以算是「主一」嗎？

所以，陽明先生認為，這種專心致志不是「主一」，而是「逐物」。

真正的「主一」不是專注於事物，而是專注于我心之天理。

就像我們在第三章裡說過的，「要如何成為最好的自己」：「首先你要先去了解你自己，然後找出自己的特質，接著再不斷地、全力去強化它。即使在這個過程中你去模仿別人，也只是為了要強化你自己的這些特質，而不是為了要變成別人。」

「主一」是心中立定志向「要成為最好的自己」，然後專心致志地去事上練，這是為了致良知。

如果只是單純地為了私欲而去模仿別人，那就是「逐物」了，就像「邯鄲學步」故事中的主角，不但沒有成為更好的自己，最後連自己是誰都忘了。

之所以有壓力，是因為你有可以成功的自信——《墊底辣妹》

人之所以恐懼，是因為害怕失去。但是當你Nothing to lose的時候，你就沒有包袱、沒有私欲，也就「心無掛礙」、「無有恐怖」。

《莊子》：「無不忘也，無不有也，淡然無極而眾美從

之。」這是說，當人達到物我兩忘的境界時，一切都無欲無求，但是只要自己想要，就沒有什麼是得不到的；心境雖然無限淡泊，然而許多美好的事物都能不請而來。

不用刻意去追求成功，只有努力，不斷地去努力做好眼前的事情。

而當一個人努力到不覺得自己在努力時，往往也是最容易成功的時候。

那一年，當我從七天混然忘我的剪剪貼貼中走出來，看著那一疊費盡心血所完成的「祕笈」時。驀然回首，一瞬間我突然產生了一種幻覺：我的感覺回到了停課的第一天，也就是準備要剪貼這疊「祕笈」之前，彷彿這一切才正要開始，接下來又突然被拉回到現實，發現這一切已經結束！

而這種感覺，我在另一件事情上也經歷過一次。

有段時間，我無法自拔地沉迷於《三國志》（系列）的電腦遊戲中，這種情形大概從三國志4開始，至三國志7結束。

怎麼開始的我已經忘了，但是怎麼結束的我卻記得非常清楚。

那一天夜裡，當我從一整天混然忘我的打打殺殺中走出來，看著破關的電腦畫面時。驀然回首，我突然產生了一種幻覺：我的「有效記憶」被拉回到早上，開始打遊戲之前。我感覺到……我好像才剛剛吃完早餐，彷彿這一切才正要開始，接下來又突然被拉回現實，發現已經是半夜三點！

就在那一晚，我正式從電玩遊戲界畢業了。

第九章
如果在這裡放棄的話，那比賽就結束了

讀書的專一功夫是專注於努力，
而不是專注於勝利

只有專注不能算是主一，你明白這句話的意思嗎？

我明白這句話的真正意思！

只有「心與事合」，才能達到全神貫注，當你全神貫注時，就會全身心地投入，慢慢地你會忘記周圍的一切，然後忘記時間，最後甚至忘了自己，這時你才能自然而然地進入「中和境界」：那個「不思而得、不勉而中」的空靈境界。

而當你再度回歸塵世之時，你會發現你已經變成了一個更好的自己。

10. 勇氣不是梁靜茹給的，
而是自己爆發的

「夭壽不貳其心」，乃是教學者一心為善，不可以窮通夭壽之故，便把為善的心變動了，只去修身以俟命；見得窮通壽夭有個命在，我亦不必以此動心。——《傳習錄》

「夭壽不貳」的意思，是教導學生要一心向善，不能因為境遇好壞或壽命長短而動搖了向善之心。只是一心

一意地修身，等待命運的安排，即使明白人的窮通禍福、壽命長短是都是「命中注定」的，我也不必因此而動搖了自己向善之心。

一九四一世界大戰，溫斯頓・丘吉爾——曾經的差等生、當時的英國戰時首相回到母校哈羅公學，給那裡的學生們演講。丘吉爾大步走上講台，把眼鏡拉到鼻尖上，說：「**永遠、永遠、永遠、永遠不要放棄。**」說完，轉身回到座位上。這也成了丘吉爾一生中最著名的演說。

孔子說：朝聞道夕死可也。（《論語・里仁第四》）

孔子身處春秋亂世，在這亂世之中每個人（包括國君）都可能朝不保夕。如果沒有這種「夭壽不貳其心」的精神，求道向學就會變成一件沒有意義的事。

在競爭激烈的香港演藝圈裡，載浮載沉多年的金像影帝張家輝，有一天早晨起來泡在海裡拍完戲後，調侃地在博客裡寫了兩句話：「你們試過在黑夜裡於大海中游泳嗎？接著你慢慢從遠處裡看到一點光。」——《張家輝：你們試過在黑夜裡於大海中游泳嗎？》

一位資深媒體人對此做了如下評論：我想，也許這世界大部分的人都生存在黑暗的海上。他們看見遠處的那一點光，就拼命地游過去，有些人會遇上鯊魚、有些人會遇上抽筋，只有極少的人才能游到那光的所在，游到了就是張家輝，游不到你就是路人甲。

我考大學的那個年代，升大學之門還是道窄門。而要擠進

第九章
如果在這裡放棄的話，那比賽就結束了

這道窄門還真像是「在黑夜裡於大海中游泳」。那時第一類組（文、法、商）的錄取率只有30幾％，能鯉躍龍門的幸運兒只有少數，而落榜則是大多數人共同的命運。考上了就是天之驕子，考不上你就是路人乙，連路人甲都算不上。

世上沒有絕望的處境，只有對處境的絕望

幾年前，有一次和我們財務部的同事史黛西聊天，那時他正在煩惱女兒要考大學的事，我突然玩心大起，賊兮兮地問她說：你知道我大學聯考前一個月在幹嘛嗎？

我們史黛西女士雖然只有高職學歷（沒有參加過大學聯考），但是就像我們老闆娘常說的──她非常聰明。

她光聽我的語氣就能警覺到，這肯定不會是什麼廢寢忘食、懸樑刺股或是發奮圖強……這些老掉牙的答案。可我萬萬沒想到，我還沒嚇到她，卻先被她給嚇到。

她思考了一下說：天天打電動。

我很驚訝地問她說：妳為什麼這麼猜？

她回答說：我哥就是這樣……。

假如聯考前一個月，你覺得自己完全上榜無望了，你會做些什麼？

我本來以為我的答案已經夠瘋狂了，誰知道我們史黛西的答案比我還跳tone！

但是，後來我仔細思考了一下，我想她哥未必真的有那麼喜歡打遊戲。而是**世道太殘酷了，不是每個人都有勇氣面對……我明白那感受！**

現代心理學的研究指出，當一個人承受的壓力超出其心理極

限的時候，就必須獲得釋放，這時當事人往往會出現一些瘋狂的行為，比如說整天剪剪貼貼或整天打電玩遊戲。

　　人在相同的刺激下，卻產生截然不同的反應，這說明每個人的良知果然都不一樣。不過我個人覺得，整天打電玩貌似還比整天剪剪貼貼正常一丟丟。

　　要不然陽明先生就不用告訴我們要「夭壽不貳其心」了。

　　其實「夭壽不貳其心」的意涵亦何嘗不是告訴我們：
　　「你不能左右天氣，但你可以改變心情。
　　你不能預知明天，但你可以把握今天。
　　你不能樣樣順利，但你可以事事盡力。」
　　即使有人說你考不上、要你放棄，也絕不改變自己求道向學之心。

第九章
如果在這裡放棄的話，那比賽就結束了

第十章

曾經執著，
才能放下執著

1. 在對的時間，做對的事情

　　周公制禮作樂，以文天下，皆聖人所能為。堯舜何不盡為之，而待於周公？孔子刪述《六經》以詔萬世，亦聖人所能為，周公何不先為之，而有待於孔子？是知聖人遇此時，方有此事。——《傳習錄》

　　周公制禮作樂，以教化世人，這是聖人都能做的事。為什麼之前的堯和舜不先做了，而非要等周公來做呢？孔子刪述《六經》以流傳萬世，也是聖人都能做的，又為什麼周公不先做，非要等孔子來做？由此可知，即使是聖人也要在對的時間，才去做對的事情。

　　大學聯考前七天，一切的美好都在軌道上飛快地前進。

　　為什麼我們常用「上軌道」來形容事情自然而有序地進行呢？

　　因為當你走上一條正確的道路時，就不是你在走路，而是路在帶你走，就像火車在軌道上奔馳那樣自在暢快。

　　那一天日落時分，在學校打完球後，夕陽中我迎著晚風，腦海中突然浮現一個念頭：如果能早一點領悟到這一切就好了，如

果一開始可以這樣念就好了。

塵世間最無奈的事，莫過於看出了問題，也找到了解決問題的方法，可是卻已經沒有時間了……。

但是，這一切的改變其實只是一連意外：學校停課的時間提早了一週，意外；考前五週居然連一個總複習計劃也沒有，呃……這不算意外，但是從本國地理開始著手，意外；在大學聯考前五週搞起剪剪貼貼的美勞工作，意外；一剪還就欲罷不能地剪了一個星期則是意外中的意外……。

然而，就是在這一連串扣人心弦的意外之下，我找到了那個「遁去的一」。

不管事情開始於哪個時刻，
都是對的時刻──（印度諺語）

考前五週居然連一個總複習計劃都沒有？這心臟也太大顆、神經也太大條了吧?!其實我並非不著急，只是我知道有些事情急不來，也強求不得。

正所謂：「船到橋頭自然直，車到山前自有路。」

該來的，自己會來；不該來的，你再怎麼強求也沒有用。

周公制禮作樂、孔子刪述六經，這些事情是很多聖人都可以做的，為什麼別的聖人不做，而非要等周公和孔子來做？那是因為一代人做一代事，聖人只是逢其時，方有其事。

俗話說：人生不如意十之八九。千萬不要以為「臨時抱佛腳」的事，只有打混摸魚的人才會做。在一般情況下，大部分的人不過是且戰且走、步步驚心。許多英雄人物攀上成功的巔峰，很大程度上是時勢造英雄所致。

第十章
曾經執著，才能放下執著

所謂「人生有夢，築夢踏實」。每個人應該做的，是要腳踏實地、一步一腳印地做好眼前的事，而不是憑空產生無數不切實際的幻夢。

　　陸九淵說：「我在那無事之時，只像是一個無知、無能的人。一旦有事，我卻又像是一個無所不知、無所不能的人。」（「我無事時只似一個全無知無能底人，及事至方出來又卻似個無所不知無所不能之人。」──《陸九淵集》）

　　這讓我想起小時候看電視布袋戲《六合三俠傳》時，有一位甘草人物──老和尚。這位老先覺雖然位列三俠，是主角之一。但是他平時只負責插科打諢，貌似是一個無知、無能的人。然而每當遇到危難之時，他卻總會有那保命的一招……。

　　所以說，**任何時刻人只要善盡人事，該有的機緣在適當的時候，自然會應運而生。**

2. 聖學無妨舉業

> 　　錢德洪、德周，魏良政、良器，讀書城南，游禹穴諸勝，忘返。錢父問二魏曰：「得無妨課業乎？」二魏答曰：「觸處皆舉子業也。」對曰：「朱說亦須理會否？」二魏曰：「以吾良知求晦翁之說，譬之打蛇得七寸，又何憂不得耶？」錢父疑未釋，進問先生。
>
> 　　先生曰：「譬之治家，學聖賢者，其產業、第宅、

服食、器物，皆所自置。欲請客，出所有以享之。客去，其物具在，還以自享，終身用之無窮也。學舉業者，專以假貸為功。與請客，自廳事以至供具百物，莫不遍借。客來，雖一時豐裕可觀，客去，則盡以還人，一物非所有也。若請客不至，則時過氣衰，借貸亦不備，終身奔勞，作一人而已。是求無益於得，求在外也。」明年乙酉，魏良政發解。錢父聞之，笑曰：「打蛇得七寸矣。」——《王陽明年譜》

德洪、錢德周、魏良政、魏良器，**在城南讀書的時候，去禹穴等處勝景遊覽，流連忘返。**錢德洪的父親問魏良政、良器兄弟：「你們這麼做，不會影響你們的功課嗎？」魏氏兄弟說：「處處都跟科舉的學問有關。」問：「朱子的學說也要理會吧？」魏氏兄弟說：「**以我心中的良知去探究朱子的學問，就像打蛇打七寸一樣，能輕鬆抓住根本，何必擔憂學不會呢？**」但錢父的疑問還是未能消除，於是又去請教先生。

先生說：「以持家作比喻，學習聖學的人，他的產業、宅第、服食、器物都是自己置辦的。要請客的時候，就把自己的這些東西拿出來用就行。客人走了，東西還在，還可以自己用，一輩子都用之不盡。而僅僅學習科舉八股，就像專門靠以借貸來過日子。要想請客，從客廳用具到餐飲擺設無不要借。客人來了，雖然一時看起來也很豐盛，**客人一走就得全部歸還，沒有一件東西自己能留下。**如果客人沒來，時間一長，自己心力不足，借貸也周全不了，一輩子忙忙碌碌，也不過成為一個窮苦之人

第十章
曾經執著，才能放下執著

罷了。這就像孟子所說的那樣，『求無益於得，求在外也』。」第二年乙酉，魏良政考中舉人，錢父聽說後，笑著說：「果然打蛇打到七寸了。」

龍場悟道後，有很多人跟著陽明先生做學問，但是，因為他的心學與朱熹的理學有所分岐，而當時科舉考試是以朱熹的版本為標準本，所以就有學生家長擔心自己的孩子跟著陽明先生求學會影響科舉考試。陽明先生的弟子錢德洪曾經帶著他的弟弟一起跟著陽明先生學習，他們的父親就擔心地說：「雖然聽說心學可以觸類旁通，但是朱子的書也要念一下吧？」錢德洪和他弟弟反而勸他們的父親說：「**以我心中的良知來學朱子的學問，就像打蛇打七寸一樣，一抓一個準，何必擔心學不會呢?!**」錢父還是不信，就去問陽明先生，陽明先生很明確地告訴他說：「豈止沒有妨礙，還大有助益。」剛好第二年是大比之年，陽明先生的幾個學生科考中舉，錢父這才相信錢德洪的「打蛇得七寸」並不是虛言。

考試是一時的，修養才是永遠的

學這些修身養性的學問是否對升學考試的學習有所妨礙呢？

以我自身的經歷，我可以告訴你，不但沒有妨礙，而且還大有裨益。

地理科不止扮演了最後拉抬我總分的救火隊角色，更是整個形勢逆轉的起點，為什麼呢？

雖然只念完了一科地理，但這並不是結束，而改變才正要開

始。

　　地理念完了，但是這七天來在念地理的過程中所領悟的東西還在，接下來的每一科都可以接著使用；不但接下來的每一科都可以接著使用，這些道理在人生旅途中，一輩子都用之不盡。不像為了考試而讀書的人，往往一考完試課本上的很多東西就全部還給老師了。

　　這就像陽明先生所說的，若為舉業而學習，就像專門靠以借貸來過日子。要想請客，從客廳用具到餐飲擺設無不要借。客人來了，雖然一時看起來也很豐盛，客人一走就得全部歸還，沒有一件東西自己能留下。

　　陽明先生一生力倡不為科舉而讀書的君子之學（身心之學），但是事實上不但他自己是進士出身，他的很多學生也都在官場上身居要職。他用自己的經歷證明了「讀書學聖賢」與「讀書登第」兩不誤的讀書之道。

　　用大白話來說：學這些修身養性的學問，和考試、升學，完全可以一箭雙雕。

　　反而是一般因為考試、升學而讀書的人，往往試一考完、文憑一拿到手，學過的東西就全還給老師了，沒有一件東西自己能留下。

　　結果，曾經在高一時被學校老師當掉的地理科，卻在大學聯考時拯救了我。命運之神到底是跟我開了一個什麼樣的玩笑？！

　　一個小和尚問一位開悟的禪師：「您開悟前做些什麼呢？」
　　禪師答：「砍柴、燒水、掃地。」
　　「那您開悟之後又做些什麼呢？」
　　「砍柴、燒水、掃地。」

第十章
曾經執著，才能放下執著

「這麼說來，開不開悟究竟有什麼分別？」

禪師答：「我開悟前做這三件事的時候，總是心浮氣躁，腦袋裡亂七八糟的。開悟後，砍柴時就想砍柴，燒水時就想燒水，掃地時就想掃地。」

雖然我的生活一樣是每天「吃飯、念書、睡覺」，但是從那時開始，世界對我而言已經完全不一樣了。

老實說，我也是在很多年以後才明白，那一年在關鍵時刻不但沒有被壓力壓垮，還能夠利用它，把壓力變成自己逆流而上助力的緣故。

什麼是「打蛇得七寸」？這就是「打蛇得七寸」！

3. 舉業無礙聖學

> 問：「讀書所以調攝此心，不可缺的。但讀之之時，一種科目意思牽引而來，不知何以免此？」
>
> 先生曰：「只要良知真切，雖做舉業，不為心累。總有累，亦易覺，克之而已。且如讀書時，良知知得強記之心不是，即克去之；有欲速之心不是，即克去之；有誇多鬥靡之心不是，即克去之。如此亦只是終日與聖賢印對，是個純乎天理之心。任他讀書，亦只是調攝此心而已，何累之有？」
>
> 曰：「雖蒙開示，奈資質庸下，實難免累。竊聞窮通

有命，上智之人恐不屑此；不肖為聲利牽纏，甘心為此，徒自苦耳。欲屏棄之，又制於親，不能舍去，奈何？」

先生曰：「**此事歸辭於親者多矣，其實只是無志。志立得時，良知千事萬事為只是一事。讀書作文，安能累人？人自累於得失耳！**」因嘆曰，「**此學不明，不知此處擔擱了幾多英雄漢！**」──《傳習錄》

有人問：「讀書是為了調節內心，是不可或缺的。然而讀書的時候，科舉的念頭又被牽扯進來，不知道該如何避免？」

先生說：「**只要良知真切，即便參加科舉，也不會是心的牽掛和負累。**即便有了牽掛和負累，也容易察覺，克服即可。好比讀書時，良知明白有**強記**的心是不對的，就克制它；知道有**求速**的心是不對的，就克制它；知道有**爭強好勝**的心是不對的，就克制它。如此這般，整天只是和聖賢相印證，就是一個純然天理的心。不管如何讀書，也都是調節本心罷了，何來的**牽掛和負累**？」

那人問：「承蒙先生開導，奈何我資質愚鈍，實在難以免除牽累。聽說窮困與通達都由命運決定，天資卓著的人恐怕對科舉的事業不屑一顧；而資質駑鈍的人則會為聲名利祿所牽絆，心甘情願為科舉而讀書，卻又為此痛苦。如果想要放棄科舉，又迫於父母的壓力，無法舍棄，這該如何是好？」

先生說：「**把科舉之累歸罪於父母的人太多了，說到底只是自己沒有志向。志向立得定，良知即便主宰了千萬件事，其實也只有一件事。讀書寫文章，怎麼會累人呢？**

第十章
曾經執著，才能放下執著

是人自己為得失之心所牽累啊！」先生因此感慨道，「良知的學說不彰明，不知道在這裡耽誤了多少英雄好漢！」

沉迷於學習，無法自拔

我記得那時有位老師常常在課堂上問學生：讀書累不累。同學們總是異口同聲地回答說：累死了。他總是會心一笑地告訴學生說：「累，只是一種幻覺。」

那時我總覺得他只是在心戰喊話，把他講的話當笑話。後來我才發現，他說的還真對。

當你對自己的所做所為心不甘、情不願時，就很容易感到心煩意亂、心浮氣躁，那你就會覺得自己很累。這時你所感覺到的累，並不是身體累，而是心裡累。

然而，正如陽明先生所說的，讀書是為了調節內心、蕩滌雜念。

讀書的過程中，心應該是越來越輕鬆才對，人怎麼反而會因為讀書而心累呢？

這是因為讀書的時候，考試的得失之心，會時不時出現，這會讓人產生強記求速之心、爭強好勝之心等種種心累的狀況。

所以，當你覺得自己在做一件沒意義的事情時，你會覺得累；但是，當你堅持著符合自己良知的事情時，你就可以撐很久。

而當你所想的符合自然運行的規律時，自然能知行合一；當你沉迷於學習，而無法自拔時，自然一點也不覺得累。

再拿地理科當例子好了，人家大學聯考的測驗題題型是單選

題，出題方向是「考理不考地」；而學校模擬考的測驗題題型是多選題，出題方向則是「考地不考理」。我每次考試寫到那考卷時就覺得心塞，然後，就覺得特別的累……。

小愛也在大愛之內

不只舉業無礙聖學，在《傳習錄》中也明確提到工作亦無礙聖學。

有一位陽明先生的下屬官員，因為長期聽先生講學，說：「先生的學說的確精妙，但是我要處理的文書、案件極其繁重困難，沒有空暇去學習。」

先生聽完後對他說：「我何時要你放棄文書、案子而去憑空做學問？你既然需要審案，就從審案的事上做學問，這才是真正的『格物』。比如當你問一件案子時，不能因為當事人應對失禮而惱怒；不能因為當事人措辭婉轉周密而喜悅；不能因為厭惡當事人的請托說情而存心整治他；不能因為當事人的哀求而屈意寬容他；不能因為自己的事務繁忙而隨意糊弄結案；不能因為旁人的詆毀誹謗就聽之任之。這些情況都是私心雜念在作祟，只有你自己知道，必須仔細體察、反省克制，唯恐心中有絲毫的偏差而錯判了是非，這就是『格物』、就是『致知』。處理文書與審理案件，無一不是實實在在的學問。**如果離開了具體事物去做學問，反而會落空。**」

曾經有一段時間我把工作辭了，想專心寫作，結果反而一個字也寫不出來，就是這個道理。

佛家的最高境界是「放下我執」！
因為這世上最難放下的是執念：有人執著於得失，有人執著

第十章
曾經執著，才能放下執著

於是非，有人執著於愛恨，也有人執著於生死。

　　只要不念過去，不畏將來，不執著於現在。知行合一地去做你自己真心喜歡的事情，即便是讀書、工作、比賽、考試……，也不會是心的牽掛和負累。

4. 唯有讀書和跑步不可辜負

> 　　琴瑟簡編，學者不可無，蓋有業以居之，心就不放。
> ——《傳習錄》
>
> 　　音樂與書籍，為學之人不能沒有。因為有了這些美好的事物來充實，心就不會放縱了。

　　人天生就有不可思議的潛能，但是這種潛能只有在「中和」狀態之下才能發揮出來。那要如何透過調節內心（致良知）的方法，進入「中和（致良知）境界」，以有效完成「舉業」呢？

　　學校停課後我的生活非常規律：除了吃飯、念書和睡覺外，我每天還做三件事：中午吃完午餐後小憩至一點半，下午五點至六點到學校籃球場打球，晚上九點半至十點收看華視播出的港劇鹿鼎記。

　　那時因為政策的緣故，電視台每周只能播兩個小時的港劇。

有的電視台是在周末晚上八點至十點連播兩個小時；有的則是在周一至周四晚上九點半至十點，一次播半個小時。所以拜政策所賜，一天半小時的追劇對於一個考生而言，剛剛好可以用來調劑身心。另外還有每週一本《少年快報》。

陽明先生就認為，讀書人應該用各種美好的事物，也就是「精神糧食」來調劑自己的心靈，這樣人的精神有了寄託，心靈就不會因為空虛而放縱。

那麼所謂「美好的事物」指的是什麼呢？

陽明先生在這裡指出的有音樂與書籍，當然這個解釋可以是與時俱進的。

幾年前，有次在和我們部門的同事史黛西聊天。那時剛好聊到高中時喜歡的漫畫，她很驚訝地瞪大了眼睛問我說：「**經理，你也會看漫畫哦？**」

我不明白她被什麼嚇到，但是我被他的反應給嚇到！

拜託，難道我看過《如來神掌》也要說給你聽嗎？……

我想一般人總是對「閒書」帶有一種先天的偏見。

所謂「閒書」：依漢語辭典的解釋，係指供消遣娛樂的書，如漫畫、小說一般都稱閒書。更狹義的解釋，則是指家長對與考試無關的書籍的蔑稱。

很多人認為看「閒書」是不誤正業，會「變壞」，尤其是學生，對考試沒有幫助。

有時間看漫畫，為什麼不多背幾個英文單字呢；有時間看小說，為什麼不多作幾道數學題目呢？……諸如此類教條式的說教，多年來從未改變過。

第十章
曾經執著，才能放下執著

一本漫畫以「夢想」之名，振興了日本足球

但是說真的，我在念南一中時完全不是這一回事。

高二時老師在課堂上提過，那年資優班有一個考上台大醫科的學長，每天放學後都會去學校旁邊的漫畫出租店看一本「漫畫」，而且還這樣堅持了三年。（我猜他大概也認為自己是在致良知吧?!）

不過真要說到一本漫畫的影響有多大的話，就不得不提下面這件事。

2018俄羅斯世界盃8強淘汰賽，FIFA排名世界第61的日本在終場前一度以2比0領先世界第3的比利時，但「歐洲紅魔」在21分鐘內連灌三球上演了大逆轉，淘汰了日本。

當時看台上的日本球迷拉出了一張巨幅海報——裡頭的人物是漫畫《足球小將》的主角大空翼。一堆人因此才開始認真地分析，為何一本漫畫可以振興日本足球。

事實上在高一時，我們班就通過用班費訂漫畫週刊《少年快報》了。

能在班會上經同學的表決通過，用班費來買漫畫書，你就知道看漫畫不但不會影響學習，還是大多數同學所不可或缺的精神食糧。

磨刀不誤砍柴工

這句話的意思是：在砍柴前花時間磨一下刀，不但不會耽誤了砍柴，反而會提高砍柴的效率，縮短砍柴時間。同樣的道理，音樂與書籍這些精神食糧，不但不會影響學習，運用得當還能愉悅身心、放鬆學生的壓力，以利提高其學習效率。

5.求神問卜也是致良知

　　問：「《易》，朱子主卜筮，程《傳》主理，何如？」先生曰：「卜筮是理，理亦是卜筮。天下之理孰有大於卜筮者乎？只為後世將卜筮專主在占卦上看了，所以看得卜筮似小藝。不知今之師友問答、博學、審問、慎思、明辨、篤行之類，皆是卜筮。卜筮者，不過求決狐疑，神明吾心而已。《易》是問諸天，人有疑，自信不及，故以《易》問天。謂人心尚有所涉，惟天不容偽耳。」——《傳習錄》

　　有人問：「朱子認為《易經》重在卜筮，程頤先生則認為《易經》重在闡明天理，怎麼理解？」先生說：「卜筮也是天理，天理也是卜筮。天下的道理難道有比卜筮還大的嗎？只是後世之人將卜筮專門理解為占卦，所以將卜筮看作雕蟲小技了。卻不知如今師友之間的問答、博學、審問、慎思、明辨、篤行等等，都是卜筮。卜筮不過是解決疑惑，使得人心變得神妙、明白而已。《易經》是向天請教，人有疑問，缺乏自信，所以用《易經》請教天。所以說，人心或許還有偏倚，只有天不容得任何虛假。」

第十章
曾經執著，才能放下執著

求神問卜有用嗎？

武王伐紂，出兵前按照傳統令太史占卜，不料卜象不吉顯示出師不利。眾諸侯都心生恐懼，唯有太公望陡然站起，一揮衣袖，把龜殼、蓍草盡拂於地，慨然說道：僅憑朽骨枯草判定凶吉，是愚笨之舉！興兵伐商是替天行道，現在諸侯都在等待我們的命令，若再不興兵必挫諸侯銳氣，武王於是出兵，果然牧野一戰商滅周興。

姜尚在當時能不顧卜卦結果而興兵，是很了不起的，因為古人十分相信卦象。但是，姜尚是舉國上下都敬仰的人物，他說行就行。

唐代的李世民在與大哥李建成奪嫡的關鍵之戰——「玄武門之變」時，也曾求卦問吉凶，家臣張公謹一把扔了龜殼，認為人事不必問天，要堅信自己能勝，結果李世民登上了帝位。

由此可見，事在人為才是至理，卜卦問天乃是空談。

但是，陽明先生曾以其自身的經歷，充分證明了所謂卜筮所帶來的高度自信心，具有一種起死回生的洪荒之力。

陽明先生因得罪了權宦劉瑾，不但被貶至貴州龍場，而且劉瑾還派人一路追殺他。一連串的打擊令陽明先生萬念俱灰，想就此出家當道士，可是老道士阻止了他遁世的念頭，並為其卜算了一卦。道士占出的卦象叫「明夷卦」，這象徵著蒙受了大難，但要學習周文王和箕子那樣，在困境中堅持下去。茫然失措，充滿避世之意的陽明先生，一下子充滿了自信心，他從卦象的推演中，意識到自己的前途是光明的：危險已經過去了，人生還有更重要的使命等著他去完成。「這一卦堅定了陽明先生的信念，在他人生最潦倒的時候幫助他站了起來，才會有著名的「龍場悟

道」和後來一連串輝煌的人生事跡。

人一旦有了正念頭，
良知就能顯現、潛力就會爆發

地球人都知道「有信心不一定會贏，但是沒有信心一定會輸。」

從唯物主義的觀點來看，宗教追求的是人心靈的寧靜和慈悲，所以能使人進入一種安祥的狀態，有利於身心的和諧和小宇宙的爆發。所以陽明先生才說求神問卜也是致良知。因為當你的心平靜了，世界也就平靜了。

至於世人所流於形式的燒香、拜拜或唯心方面的糟粕，儒家則始終持「敬鬼神而遠之」的態度，不予認同，但亦不堅決反對。

無論發生什麼事，那都是唯一會發生的事
──（印度諺語）

大學聯考前五天，我媽帶我到村子裡的廟拜拜。

四年前我媽第一次帶我到這間廟裡拜拜，為了求神明保佑我，考上高中。

今天則是我第二次來，為了求神明再次保佑我，考上大學。

我用清風洗了洗手，然後虔誠地焚香禱告。

考前燒香拜神有用嗎？

考前燒香拜神要是有用的話，范進就不用等到五十多歲才中舉了！

然而，現在回想起來，儘管高三那一年的模擬考成績從來沒

第十章
曾經執著，才能放下執著

有達到過大學聯考的最低錄取標準，但是那一年我從來都沒有產生過「考不上大學」的念頭，一次都沒有。

除了Y給我樹立的「榜樣的力量」外，更重要的是，我覺得自己是受到上天眷顧、得到神明保佑的人！

能夠以最低空掠過的方式考上台南一中，這說明什麼呢？

說明我的運氣太好？或說明我受到上天的眷顧、得到神明的保佑？

又或者什麼都說明不了，畢竟這世上有些事情就是這麼巧合、那麼神奇！

但是，這個必須是真的，否則天意何在？

我是神選之人，雖然一路上從山明水秀，走到山窮水盡；再從山窮水盡，走到柳暗花明，吃了不少苦，但是這些苦難挫折只是一時的，而在這些苦難中磨鍊出來的素質卻是永遠的。

此刻我的內心平靜如井中之月。

同樣的情景，往事歷歷浮現在我眼前。四年前在這裡虔誠發過的誓，此刻在心底重新響起……。

千萬不要小看誓言的力量，據說美國前總統小柯在大學時代泡希拉蕊時，曾經發過誓要當美國總統，後來人家果真辦到了，而且還當了兩屆。

我那時心裡想，如果四年前我可以「失常」考不好，那麼這次我也可以「失常」考好。套句廣告詞，這叫「凡事皆有可能」（Impossible is nothing），關鍵取決於人的心態。

求人不如求己，信佛不如信自己

　　有一個故事：一個玻璃心的人，一有事就去求神拜佛。有一天他發現一位和尚跪在佛祖面前，仔細一看，發現跟佛像的相貌一模一樣。此人極為驚訝，問：「你怎麼長得和佛祖一模一樣？」

　　和尚回答：「我就是佛祖。」

　　此人驚訝又問：「為何拜自己？」

　　佛祖說：「**求人不如求己，信佛不如信自己。**」

　　即使認定自己得到神明保佑，但那是自信，而不是自傲。

　　天助自助者。只有盡人事的人，才能聽天命，也才能得到上天的眷顧。

6. 曾經痛苦，才知道真正的痛苦

> 九川臥病虔州。
>
> 先生云：「病物亦難格，覺得如何？」
>
> 對曰：「功夫甚難。」
>
> 先生曰：「常快活便是功夫。」──《傳習錄》
>
> 在虔州時，陳九川臥病在床。陽明先生說：「關於生病這件事，要正確面對它也很困難，你感覺如何？」
>
> 陳九川說：「這個功夫確實很難。」陽明先生說：「能常保愉快的心態，就是功夫。」

第十章
曾經執著，才能放下執著

時間就像朱自清的散文《匆匆》所寫的：「洗手的時候，日子從水盆裡過去；吃飯的時候，日子從飯碗裡過去；默默時，便從凝然的雙眼前過去。我覺察他去的匆匆了，伸出手遮挽時，他又從遮挽著的手邊過去，天黑時，我躺在床上，他便伶伶俐俐地從我身上跨過，從我腳邊飛去了……。」

匆匆的，才一眨眼，忽然間，時間就來到了大學聯考前三天。

請問，你喜歡籃球嗎？

鑑於激烈的籃球鬥牛運動容易受傷。為了不想拄枴杖或坐輪椅上考場，考前三天我第一次決定退出籃壇，這比喬丹第一次退出籃壇還早了三個月。

但是，我復出的速度比喬丹快多了。

那天下午五點一到，我還是按著慣性前進，往籃球場報到。反正去看看別人打，起碼能讓眼睛休息一下，順便也能在場邊活動活動筋骨。不過因為決定不下場打球，所以那天我只穿了拖鞋就出門了。

事隔多年，我也忘了到底是球友的盛情難卻，還是自己一時技癢。反正有球隊二缺一，於是……「I am back.」——我又上場了。

一開始上場時我還穿著拖鞋。反正進攻時我只要在外線遊移：負責傳導、幫隊友擋人或投投外線，倒也沒有什麼問題。問題是防守時如果你還穿著拖鞋，那對手切入時，過你就會像是過電線桿一樣容易，接著就會被當成弱點，然後不斷地被「打點」。

被人當成打點對象，這絕對是恥辱，但是我並沒有因此而衝

動到腦充血。

抉擇時刻，我先試探性地用腳掌踩了踩地板，發現不但不燙，而且有一種溫暖的感覺。於是，我索性脫掉拖鞋、下場盡情撕殺……。

春秋時鄭國的宰相子產有一段警世名言：「火勢猛烈，每個人看到它就害怕，所以被燒死的人不多。水性柔弱，人人都覺得可親並和它嬉戲玩耍，所以死于水的人反而數不清道不盡。」

這個故事可以用五個字來總結，那就是「溫水煮青蛙」。

那一晚月色朦朧，只有一盞孤燈伴我。我依稀記得，昏黃的燈光下那一大片的水泡。我不確定那是不是我這輩子第一次腳掌起水泡，但是我肯定這麼大一片的水泡我還是第一次見過。

陽明先生說：「關於生病這件事，要正確面對它也很困難。

但是說真的，此時此刻最難的，其實是悔不當初的內心傷痛。

我依照以前在報紙上看過的方法，忍痛用針把水泡扎破，再把裡面的水擠出來……。

陽明先生說：人生在世最大的病，就是心有傲氣。

人有傲氣才會在聯考前三天，還跑去籃球場上跟人打三對三鬥牛；人有傲氣才會在南台灣六月底的下午時分，在室外的水泥籃球場上赤腳打球。

人啊，這一輩子，腳上的水泡是自己燙的，頭上的包是自己撞的，所有的錯都是自己犯的，禍也都是自己闖的……。

然後，終於明白：「人生大病，只是一傲字！」

第十章
曾經執著，才能放下執著

第十一章

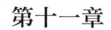

大夢初醒已經年

1.讀書重在發明本心
2.人人皆有佛性，眾生皆可成佛

1. 讀書重在發明本心

　　一友問：「讀書不記得如何？」

　　先生曰：「只要曉得，如何要記得？要曉得已是落第二義了，只要明得自家本體。若徒要記得，便不曉得；若徒要曉得，便明不得自家的本體。」——《傳習錄》

　　有個朋友問陽明先生：「書讀完了，卻記不住內容，這該如何？」

　　先生說：「只要能夠理解，為何一定要記住呢？其實要能夠理解已是次要的了，重要的是要認識自己的心性本體。假如僅僅要求記住，便不能夠理解；而假如僅僅要求理解的話，就不能真正認識自己的心性本體了。」

　　有明一朝大力提倡程朱理學，並以之作為科舉的標準本，其所造成之弊端，即「學者只知科第，而學問盡於章句」。

　　陽明先生這段話，就是針對當時的弊端有感而發，明確地告訴我們：讀書是為了認識到自己的心性本體，領悟到自己的良知。

　　我念大一時，英文聽力課（簡稱英聽）是政大會計系的必修課。

因為不是主科，所以上起課來一向是既輕鬆又愉快，有時老師甚至在課堂上放一部英語電影當習作，兩堂課的時間就這麼過去了。

但是「凡原則必有例外」，而這個例外或許是我宿命中必然要經歷的一個意外。

那天上課時，課文中提到了一個國家。就一段很稀鬆平常的課文，和一個你一輩子不會聽到超過五次的國家，但是老師卻突然發難了。

「這位同學，請問一下這個國家在那一洲？」老師指了我回答。

這個國家我有些印象，在中南美洲一帶，至於是在中美還是南美就不是那麼肯定了。

「在中南美洲。」我回了一個很安全的答案。

「哪是在中美洲還是南美洲呢？」老師不依不饒地繼續追問。

我想地理這個科目大概是跟我卯上了。

要不然為什麼上個英聽課，老師也要對一個小小的地理問題這麼較真呢？

更重要的是，這麼多個學生，你誰不好問偏偏要問一個不會的呢？

雖然無奈，但是二選一我還有一半的勝算，殺很大……我梭了。結果天不從人願，我賭錯邊了。

由大學聯考的成績可以看出，地理科會考的那20％我很熟；而從這件事情可以得知，不會考的那80％我還真的都不記得，而且忘得還特別徹底！

這下子可好了，不但地理科跟我卯上，現在連英聽老師也跟我槓上了，因為他居然問起我的出身來歷。

第十一章
大夢初醒已經年

「你是那個高中畢業的？」

哇哩，我那時心裡想的是：「你怎麼不問我大學聯考地理考幾分呢？」

不過我還是微微一笑地回答他：「**我們那是南部地方的小學校，您可能沒有聽過啦……。**」

孟子說：「學問之道無他，求其放心耳。」

這是告訴我們，求學的目的不是為了考試，而是為了涵養身心。

同樣的道理，學習地理的意義不在於知道那個國家是在世界的那個角落，而是為了追尋迷失的靈魂與迷途的自己，在某個意料之外的轉角偶然相遇。

根據《21世紀經濟報導》，馬雲在貴州的大數據峰會上說，在知識急遽爆炸的現代，人類的智慧幾乎沒有增長，是因為「知識是學來的，智慧是體驗來的」。如果延續背誦、計算這種教學法，不讓孩子體驗不同生活、讓他們嘗試琴棋書畫，可以保證30年後一定找不到工作；未來是「智慧的時代」，知識跟科技都會被機器取代。

大二時我上過一門通識課叫做《語言與人生》。這麼多年以來，我一直記得裡面的一句話：人是活在語言的世界裡。並且就只記得這一句話，而這句話就寫在書的第一頁第一行。

一本書、一個學期的課程，結果最後只記得第一頁第一行，那後面的部分豈非全部白念了？課也全都白上了？我只能傻笑說，這表示我已經將它的內容、要旨，透過這句話內化於心了。

這就像陽明先生認為，「記得」只是你記住了書中的話，「曉得」則是你明白了書中的那些道理，但這「道理」有沒有觸

動你的良知，這才是重點。

「明得自家本體」就是讀書以發明本心，將書中的道理內化於心。這樣得來的才是屬於你自己的學問、智慧。

書是死的，但是人是活的。讀書重在發明本心之後，能以明鏡之心應於萬物。不然書讀得再多、內容記得再熟，卻不能活學活用，也不過是個兩腳書櫥（書呆子）而已。

2. 人人皆有佛性，眾生皆可成佛

在虔，與于中、謙之同侍。

先生曰：「人胸中各有個聖人，只自信不及，都自埋倒了。」因顧于中曰：「爾胸中原是聖人。」

于中起不敢當。

先生曰：「此是爾自家有的，如何要推？」于中又曰：「不敢。」

先生曰：「眾人皆有之，況在于中，卻何故謙起來？謙亦不得。」

于中乃笑受。

又論：「良知在人，隨你如何，不能泯滅。雖盜賊亦自知不當為盜。喚他作賊，他還忸怩。」

於中曰：「只是物欲遮蔽。良心在內，自不會失。如云自蔽日，日何嘗失了？」

第十一章
大夢初醒已經年

先生曰：「于中如此聰明，他人見不及此。」——
《傳習錄》

在虔州時，陳九川和于中、鄒守益一塊兒陪著老師。

陽明先生說：「每個人的胸中都各有一個聖人，只因為信心不足，都自己把心中的聖人給埋沒了。」陽明先生接著對于中說：「你的胸中原本是個聖人」

于中慌忙站起，說：「不敢當。」陽明先生說：「這是你自己本來就有的，為何要推辭？」于中又說：「學生實在不敢當。」

陽明先生說：「這個聖人大家都有，在你身上當然也有，卻為何要謙讓起來？這是謙讓不得的。」

于中無可奈何，於是笑著接受了。

先生又說：「良知在人心中，無論你如何做，都無法泯滅它。即便是盜賊也知道不應當作盜賊。喊他是賊，他還不好意思。」

于中說：「這只是由於物欲遮蔽。良知在心中，自然不會喪失。好比烏云蔽日，太陽又何曾喪失？」

先生說：「于中你如此聰明，別人未必有你這樣的見識。」

那一天是大一上學期的期末考，考的是微積分。

自從國一第一次月考之後，這或許是我這輩子考數學時心情最輕鬆的一次。

這倒不是因為我做了萬全的準備，而是因為我「心無掛礙」

陽明心學三部曲
（一）求學之卷

故「無有恐怖」。

那時微積分是政大會計大一的必選課，什麼意思呢？

這是說雖然微積分不是必修課，但是因為選課系統已經幫你預選好了，所以你沒得選，只能乖乖去修這堂課，它和必修課的差別是，如果被當了，可以不用再重修。

為什麼要特別提這件事呢？因為這個規定在某種程度上影響了我的「念頭」。

對於這種當掉不用再重修的學分，「放棄」的念頭一起，「則眾惡相引而來」。

那時微積分的課是星期一早上八點至十點。

第一個月我的到課率還有90％以上，第二個月（十一月）天氣變冷後，我的到課率大概只剩50％，第三個月起我就沒去上過課了。

為什麼我一直認同陽明先生說「格物」就是正念頭，就是這個緣故。

那一天我的一個小目標是「破蛋」，因為我這輩子還真沒考過零分。而這場期末考對我而言，就是一場心無掛礙的「破蛋之旅」。

曾經，有一份令我腦海一片空白的數學考卷擺在我的面前，我卻沒有好好作答，居然還在考試中睡著了，直到醒來時發現，老師已經走到考場門口才追悔不已，塵世間最痛苦的事莫過於此，如果上天能夠給我再來一次的機會……，現在上天真的給我再來一次的機會了，所以不管怎樣，今天我一定要奮戰到底，寧可戰死，絕不投降。

考試鈴響後，我很認真地從填空題的的第一題開始看起，……最後來到大Boss——應用題。應用題占30分，因為配分

第十一章
大夢初醒已經年

多，所以也比填充題難得多，可是我反而覺得這個題目「似曾相識」，於是我不假思索信手寫來……用的是高中數學的算法。

用高中數學來解大學微積分，還不是我覺得最離譜的，最離譜的是，大學聯考後，我已經有大半年沒有碰過高中數學了。

或許是因為國一那次數學月考的經驗太慘烈的緣故，從此，我就有了一種自己也說不清楚、道不明白的『數學恐懼症』。為了解決這個無以名狀的『數學恐懼症』，我還想出了一個「合法作弊」的方法。

一般在數學考試前我只做一件事，就是全心全意地猛背公式，尤其是最艱澀的那幾個。考試開始後，我並不是打開考卷。相反地，我把考卷翻到背面空白處，然後不管它三七二十一，就一股腦地開始默寫剛剛背了幾十遍的公式。

說它是「作弊」，是因為當我開始作答時，我手上已經有一張寫滿了公式的「大抄」；說它合法，是因為這張「大抄」是我在考場上自己默寫出來的。

這麼多年來，我老是擔心我的記憶力維持不了一堂數學考試的時間，會在考場上斷片，而現在我居然在大學的微積分期末考，用大半年沒有碰過的高中數學來解題？

對我而言，這件事簡直比扯鈴還扯！

雖然這一題我解得非常順利，但是這件事畢竟太過離奇，所以我心裡其實完全沒底。不過很快地，馬上就有人告訴了我答案。

交完卷，才一出考場門口，我們未來的王牌分析師──李老師向我走過來，迫不及待地告訴我：「我剛剛交卷走過你身旁時瞄了一下你的考卷，發現你那一題應用題居然寫對了……。」

和南一中學號的編碼邏輯不同，政大學生各系的學號是按照學生大學聯考時的考區，由北而南依序排下來，所以你看每個人的學號，大概就能知道這個人是哪裡來的。

　　所以一樣是南一中畢業的，我們倆的座號只差一號，考試時他的座位就在我的後面。

　　我那時心裡想：你這傢伙交卷就交卷，為什麼非忍不住要瞄一眼我的考卷？

　　我猜他當時心裡一定超級納悶：這小子都沒有來上課，現在居然也能在這裡跟大家一樣振筆疾書，還撐了這麼久……這是什麼世界啊?!

　　法國皇帝拿破崙說：「每個法國士兵的背包裡，都裝著一隻元帥的權杖」（Every French soldier carries a marshal's baton in his knapsack.）；孟子說：「人人皆可為堯舜」；王陽明說：「人胸中各有個聖人」；佛家說：「人人皆有佛性，眾生皆可成佛」。

　　人不一定崇儒，但是「人人皆可為堯舜」、「人胸中各有個聖人」，這個本質是與生俱來的；人也不一定信佛，但是「人人皆有佛性，眾生皆可成佛」的事實是不會改變的。

　　陽明先生說：「這個聖人大家都有，良知在人心中，無論你如何做，都無法泯滅它，好比烏雲蔽日，太陽又何曾喪失？」

　　這說明了一個道理：這世上大部分的人，最終並沒有成為「最好的自己」。最關鍵的原因就是：不相信自己，沒想到去發現自己的特質、去挖掘自己的潛力，這才把「最好的自己」給埋沒了。

　　就在那一刻我才發現，原來我的數學非但不弱，還強到我自己都害怕，只因為長久以來「自信心不足」，以致於自己把胸中

第十一章
大夢初醒已經年

的聖人給埋沒了。

　　而這一刻距離大學聯考結束卻已經過了186天。

　　雖然我們常聽人說「真相只有一個」，但是如果沒有這個意外的話，我可能一輩子也不會知道這件事情的真相。

　　而人生如果沒有這些意外的話，那人生也就不是人生了。

　　人這一生不就是在這一連串跌宕起伏的意外中，痛並快樂著？！

　　我的腦海裡飛快地閃過這些年來所發生的一切喜怒哀樂、悲歡離合。那一刻，我赫然發現，自己好像做了一場白日大夢。

　　而今，夢醒了，我也該去吃飯了。

第十二章

不是你不行，
只是還欠人生一場修行

> 大學之道，在明明德，在親民，在止於至善。——
> 《大學》

> 大人之學的道理，在於顯明人光明的德性，在於關懷
> 愛護天下的人民，在於使人達到至善的理想境界。

> 儒家的聖人說，一個人如果良知光明（明明德），那
> 他肯定會明白天道，然後去愛人（親民）。
> 所以，要愛自己就需要先去了解自己，「學習看見自
> 己的心」，你就能掌握自己的內心世界，從而去了解你自
> 己，也就能夠去愛自己（明明德）。而能夠愛自己的人，
> 才會有能力去愛別人（親民）。而能夠愛別人的人，才能
> 達到至善的理想境界。（止於至善）

　　雖然過了這麼多年，我依然記得很清楚，那一天是星期五，
我剛考完大二下學期的期中考，而接下來會有將近十天的春假。
　　和我同住一間寢室的三個大一學弟下午一考完試，全都歸心
似箭地回南部去了。所以，那晚寢室裡只有我一個人。不像平常
在寢室沒事幹時會看看書或聽聽音樂，那晚我只是靜靜地發呆，
一邊回想著就在昨晚之前的期中考週，整棟宿舍那一片濃烈的蕭
殺之氣，而今卻是一片人去樓空的蒼涼。
　　然而就像張愛玲所說的：「蒼涼之所以有更深長的回味，就
是因為它像蔥綠配桃紅，是一種參差的對照。」我的身心在經歷
了一週極度緊蹦的狀態後，於那一晚徹底地放空。
　　夜涼如水，月亮沒入了雲間，知了也已入眠。茫茫塵世萬

籟俱寂，我仿佛能聽見星光如往常一樣，在風中靜靜地流淌。伴隨著滿屋的靜謐，我的思緒不斷地沉默……然後沉沒……，最後彷彿去到一種物我兩忘的空靈境界。我感覺周圍是一片無盡的漆黑，在黑暗中我走了好長好長的一段路，就這樣神遊物外不知過了多久，突然一個小小的念頭湧現在我的腦海之中，把我給「叫」醒……「我想寫首詩」……，這突如其來的想法，就像在一個平靜的湖面上投下了一顆小石子，它的餘波溢出腦海，然後在我的血液裡漫延開來，最後，居然像滔滔江水般連綿不絕，又如黃河氾濫般一發不可收拾……。我半信半疑地拿出紙和筆來姑且一試，就這麼寫下了我生平的第一首新詩。

就在那一晚，我覺得自己離悟道只有一步之遙。

有一天，顏回興沖沖地跑來見孔子，進門就說：「老師，「我有進步了，我忘去禮樂了！」孔子說：「很好，但是還不夠。」

過兩天顏回再見孔子：「老師，我又進步了！我忘掉仁義了！」孔子依然是那句話：「很好，但是還不夠。」

顏回不躁不餒，第三次來見：「老師，我又進步了。我坐忘，當下忘我了。」孔子一聽，坐不住了，非常驚訝地問：「什麼是坐忘呢？」顏回說：「忘掉了自己身體，忘掉了聰明，把形象和知識統統忘掉，通達於大道，這就是坐忘。」孔子說：「同於大道，就不會去分別好壞；進入化境，就不會執著恒常。你真的是一個大賢啊。以後我就跟在你後面，你一定要好好地教教我。」

這一段對話出自《莊子・大宗師》。它點出只要做到「離形、去智」，這兩道功夫，即能達到「坐忘」的境界。

那麼要如何做到「離形、去智」呢？

第十二章
不是你不行，只是還欠人生一場修行

我想可以先從唐代詩人劉禹錫的《陋室銘》所說的：「無絲竹之亂耳，無案牘之勞形」做起。

儒、釋、道三家都講靜心的功夫，但是與道家和佛家相比，儒家的靜心功夫相對簡單。儒家主張：「定、靜、安、慮、得」，這是儒家靜心功夫的一種次序。

說真的，那一晚的感覺太過玄奇美妙，以致於我居然有一種「悟道」的「錯覺」。為何說是錯覺呢？「阿悟道那是這麼簡單的事嗎？你要不是考試考昏頭，就是打瞌睡睡懵了吧?!」

後來，我在一本書裡讀到：「南宋的高峰原妙禪師，曾經說過他一生大悟十八次、小悟無數次。」可見，大師這裡所謂的「悟道」和心學所說的「成聖」一樣。都是鼓勵後人「人人都可以得悟」、「聖人必可學而至」，「悟道」、「成聖」沒啥希罕的，別看得太嚴重。

其實在修身這條路上，儒家一直持「寧狂勿狷」的態度。

狂者頂多是自傲、自以為是，但是悟門卻隨時為他而開；而狷者則自卑、自我設限，反而經常與開悟的良機擦身而過。

花若盛開，蝴蝶自來；
你若精采，天自安排（穆帆）

古裝劇男神胡歌在那場車禍後，演出話劇《如夢之夢》時，一位喜歡胡歌的老影迷因為重病不能來到現場，所以他的孩子就想請胡歌簽個名。或許是太著急了，胡歌直接跳上了舞臺，趴在地上給對方簽名。

胡歌寫下的是：人生是一場難得的修行，不要輕易交白卷。

尼采認為哲學的核心任務是教我們「如何成為我們自己」。

儒家則認為人生的路，是一條明明德的成聖之路。修的是求其放心，修的是發明本心，修的是致良知。

人這一生風雨兼程，不是為了遇見佛，而是為了遇見你自己。

很多人都會說：「願你被這個世界溫柔以待。」這樣的祝福，其實只是無源之水、無根之木，因為很多人這輩子就沒看見過這個世界的溫柔。

佛洛伊德說：「追求快樂是人的天性。不過全然沒有痛苦的人生，似乎還沒有出現過。」完美的人生，只有在童話和小說中才找得到。而真實的人生，就像張愛玲所說的，「像是一襲華美的袍，上面爬滿了蝨」。

武俠宗師金庸在《倚天屠龍記》中「九陽真經」：「他強由他強，清風拂山崗；他橫任他橫，明月照大江。他自狠來他自惡，我自一口真氣足。」

意思是說：不管敵人多麼強大，我當他像拂過山崗的清風一樣涼爽；不管敵人多麼蠻橫，我當他像灑落在大江上的月光一樣溫柔。他狠他的、他惡他的，我一點也不害怕，並不是因為我認為他只是在虛張聲勢，而是因為我相信自己那一身充足豐沛的九陽真氣。

一般人在表達自己不害怕對手的蠻橫、自身處境的險惡時，多喜歡引用前面兩句，殊不知第三句才是重點：不管對手有多強、多橫、多狠、多惡，只要他敢動手，我十成功力的九陽神功分分鐘滅了他，這才是最高境界。

所以，無論這個世界是否像月光一樣溫柔待你，請你要自己善待自己。努力地活出最好的自己，因為只有你自己活得精彩，

這個世界才會對你溫柔以待。

生命中所遇到的一切都是最好的安排

日本文學家芥川龍之介：「刪除我一生中的任何一個瞬間，我都不能成為今天的自己。」人生旅途中沒有白走的路，每一步都有它的意義。

人生就像是一本流水帳，而要從這本流水帳裡截取若干動人的瞬間，組成最完整的故事，是很困難的。

為什麼不會跨欄也能出現在政大校運會的跨欄決賽上呢？因為上天要我寫第一章！

為什麼考個數學月考也能考到睡著呢？因為上天要我寫第二章！

為什麼不會作文也敢去投稿呢？因為上天要我寫第三章！

為什麼跑個龍套也能跑成了黑馬呢？因為上天要我寫第四章！

為什麼第一次怯場偏就發生在高中聯考時呢？因為上天要我寫第五章！

為什麼考試失常卻又能考上台南一中呢？因為上天要我寫第六章！

為什麼高一這麼簡單的課程也能念到被留級呢？因為上天要我寫第七章！

為什麼會跑出模式作文這種東東呢？因為上天要我寫第八章！

為什麼在大學聯考前五週剪貼地理呢？因為上天要我寫第九章！

為什麼在大學聯考前三天還去籃球場上赤腳打球呢？因為上

天要我寫第十章！

　　為什麼在大一微積分期末考，用高中數學去解題呢？因為上天要我寫第十一章！

　　為什麼打個瞌睡也能寫出一首詩呢？因為上天要我寫第十二章！

　　上天永遠有最好的劇本，命運永遠有最好的安排。

　　如果事與願違，請相信一切都是最好的安排。

　　無論發生什麼事，那都是唯一會發生的事。

　　最後，我想引用我最喜歡的樂團Bee Gees的一句歌詞來作總結：

So this is who I am. And this is all I know.

第十二章
不是你不行，只是還欠人生一場修行

　　某藥廠的電視廣告說，他們的「製藥理念」是：「先講求不傷身體，再研究藥效」。

　　這個說法，聽起來很有說服力。因為在一般人的認知裡，西藥雖然見效快，但是較傷身體。所以，一個走平民路線的成藥廠，理所當然要這麼說，大家才會考慮去買他的藥。

　　我覺得這個理念用在現今儒學的推廣上也很適用，因為在大家的刻板印象中，儒學不就是枯燥乏味還不實用的「古董」?!

　　所以在這本書裡，我的論述原則就是「先講求不讓讀者睡著，再努力讓讀者有點收獲」。

　　這些道理，千百年來太多先賢大儒，用各種不同的角度和觀點講過了，後人唯一能說的，就是今時今日它的時代意義是什麼，還有我對它的具體實踐和應用又是如何。事實上，一般人都**是通過故事來了解道理的，故事越真切、越有趣、越是跌宕起伏，就越能加深你對這件事情所蘊涵道理的了解和印象。**

　　2019年2月由高雄女中學生發起「終結放榜新聞：拒絕『成功』模板，停止製造神話」，結果：很多高中響應。

　　我想這麼多年來，老師們都沒搞清楚的事，學生終於搞清楚了：所謂的勵志就是要你我這種平凡的小人物所能學習的部分才叫勵志！

　　這麼簡單的事，為什麼老師們都沒搞清楚呢？

因為「習以為常」，也就是慣性思維～阿這麼多年來，不一直都是這麼做的嗎？

我記得第一次去出版社拜訪他們的編輯，說我想出一本有關陽明心學的書時，這位編輯開門見山地就問我：

「請問，在陽明心學的研究領域裡，你是最權威的嗎？」

我當時心裡在想，如果按照這樣的思維：

我第一次報名參加政大校運會男子百十高欄時，負責接受報名的同學應該問我：「請問你的最佳記錄是多少？」然後我回答他說：「我沒有跑過百十高欄耶。」他肯定會回說：「你都沒有跑過，那你來湊什麼熱鬧啊？這可是校運會耶！」

又假如我第一次投稿校刊時，老師問我說：「我有叫你投稿嗎？」然後我回答老師說：「沒有。」老師肯定會回復我說：「那你來湊什麼熱鬧啊？」

只念五篇英文作文，也敢去參加大學聯考？啊你是不是去湊熱鬧的？！

以上是「理學」的思維。

那「心學」的思維是什麼呢？

我覺得榜首的成功經驗是我學不來的，我就拒絕這樣的「成功」模板了；

我覺得想參加比賽，而且還有機會得獎，我就來報名了；

我覺得想投稿，而且還有機會被錄取，我就來交稿了；

我覺得想出書，而且這些錢我還賠得起，我就來找出版社了！

一切以自己的良知為出發點，才能得到符合自己良知的最佳答案。

後記

最後在這裡，我想感謝幾位教過我國文的授業恩師：

北斗國中的蒲耀堂老師
台南一中的蕭平奕老師、陳金城老師、陳惠卿老師、張敬川老師
政治大學的潘群英老師

畢業很多年以後我才明白，當年老師教我的不只是國文，還有很多明明德的道理。
我想，我欠這些老師一句謝謝。
希望，每位老師都能聽得到～謝謝。

國家圖書館出版品預行編目資料

陽明心學三部曲：（一）求學之卷／張榮緹
著. --初版.--臺中市：白象文化，2019.6
　　　面；　公分
ISBN 978-986-358-821-4（平裝）
1.（明）王守仁 2.學術思想 3.陽明學
126.4　　　　　　　　　　　　108005344

陽明心學三部曲：（一）求學之卷

作　　　者　張榮緹
校　　　對　張榮緹
專案主編　黃麗穎
出版編印　吳適意、林榮威、林孟侃、陳逸儒、黃麗穎
設計創意　張禮南、何佳諠
經銷推廣　李莉吟、莊博亞、劉育姍、李如玉
經紀企劃　張輝潭、洪怡欣、徐錦淳、黃姿虹
營運管理　林金郎、曾千熏
發 行 人　張輝潭
出版發行　白象文化事業有限公司
　　　　　412台中市大里區科技路1號8樓之2（台中軟體園區）
　　　　　出版專線：（04）2496-5995　　傳真：（04）2496-9901
　　　　　401台中市東區和平街228巷44號（經銷部）
　　　　　購書專線：（04）2220-8589　　傳真：（04）2220-8505
印　　　刷　基盛印刷工場
初版一刷　2019年6月
定　　　價　350元

白象文化　印書小舖　出版 · 經銷 · 宣傳 · 設計
PRESSSTORE出版經銷
www.ElephantWhite.com.tw　自費出版的領導者　購書 白象文化生活館